深圳职业技术大学"十四五"规划教材

# 领导力开发

## 培养你的领导潜能

杨肖锋　邹闻苡
王树柏　盛　鑫　◎ 编著

同济大学出版社
TONGJI UNIVERSITY PRESS
·上海·

## 内容提要

本书以情绪智力为理论背景，以正念科学训练为主要方法，同时结合中华优秀传统文化，特别是《论语》中的领导力智慧，融合中西方领导理论研究重要成果并将其付诸课程教学实践。本书共七个项目，主要包括领导力与情商、觉察自我、管理自我、开发倾听能力、开发社交技能、正念领导力和运用权力与影响力。本书注重实用性、适用性和开放性，书中除了涵盖基本原理、基础知识、工具方法外，还设置了"背景介绍""学习目标""任务要求""必备知识""拓展阅读"等特色栏目。

本书可作为高等职业院校管理类专业课程或通识选修课程教材用书，也可作为企业管理者提高领导力的参考用书。

**图书在版编目（CIP）数据**

领导力开发：培养你的领导潜能/杨肖锋等编著
. —上海：同济大学出版社，2023.11
 ISBN 978-7-5765-0869-7

Ⅰ.①领… Ⅱ.①杨… Ⅲ.①领导学—高等学校—教材 Ⅳ.①C933

中国国家版本馆 CIP 数据核字（2023）第 132566 号

## 领导力开发——培养你的领导潜能

杨肖锋　邹闻苡　王树柏　盛　鑫　编著

责任编辑：杨　艳　白　雲
责任校对：徐逢乔　｜　封面设计：渲彩轩

| | |
|---|---|
| 出版发行 | 同济大学出版社　www.tongjipress.com.cn<br>（地址：上海市四平路 1239 号　邮编：200092　电话：021-65985622） |
| 经　　销 | 全国各地新华书店、网络书店 |
| 排　　版 | 南京文脉图文设计制作有限公司 |
| 印　　刷 | 启东市人民印刷有限公司 |
| 开　　本 | 710mm×1000mm　1/16 |
| 印　　张 | 8.5 |
| 字　　数 | 170 000 |
| 版　　次 | 2023 年 11 月第 1 版 |
| 印　　次 | 2023 年 11 月第 1 次印刷 |
| 书　　号 | ISBN 978-7-5765-0869-7 |
| 定　　价 | 32.80 元 |

本品若有印装质量问题，请向本社发行部调换　　版权所有　　侵权必究

# FOREWORD 前 言

领导力是大学生综合素质的重要组成部分，是个体发展、团队任务完成、组织目标实现和社会整体进步的促进因素，加强高等职业院校学生的领导力教育是学生全面发展、终身发展、可持续发展的需要，更是培育和践行社会主义核心价值观的有效载体。从整体情况看，我国高等职业院校的大学生领导力教育刚刚起步，虽然部分院校已经将领导力教育视为学生综合素质教育的一部分，但大部分高等职业院校尚未将领导力课程纳入人才培养体系，与教学需求相配套的高等职业教育领导力教材更是有限。

本书作者在高等职业教育教学一线工作 10 余年，根据教学经验发现，高等职业院校的学生更注重实践操作能力的锻炼和提升，但与所在团队的同事高效合作沟通的情商及能力略显不足。大部分学生虽然能够认识到领导力的本质是影响力，但只有部分学生能够认识到领导力是综合素质的体现，是每个人都有必要培养和发展的终身能力。大部分学生缺乏主动获取外界信息、制定个人和团队发展规划、激发团队成员主动性的能力。作者深刻感到只有切实增强高等职业院校学生的领导力教育，并帮助学生将领导技能运用于学习和工作中，才能真正提升大学生的领导力发展水平。因此开发理论与实践相结合的领导力教育教材和课程对高等职业院校来说尤为迫切。

本书以情绪智力为理论背景，以正念科学训练为主要方法，同时结合中华优秀传统文化，特别是《论语》中的领导力智慧，融合中西方领导力理论研究重要成果并将其付诸课程教学实践。

本书可作为高等职业院校管理类专业课程或通识选修课程教材用书，本书的特色和创新之处主要体现在以下三个方面：① 以情绪智力为理论基础，探索领导力的核心能力；② 以正念科学为实践方法，探索领导力开发的可操作性应用；③ 以领导力开发为核心，积极传承和弘扬中华优秀传统文化中的领导力智慧。本书注重实用性、适用性和开放性，书中除了涵盖基本原理、基础知识、工具方法外，还设置了"背景介绍""学习目标""任务要求""必备知识""拓展阅读"等特色栏目，并介绍了大量管理科学、人力资源等领域的前沿研究成果，可供学生持续深入学习。高等职业院校的学生通过学习，可以掌握领导科学领域的知识，深入理解领导力的内涵并将其应用于实践，在管理和实践活动中增长领导才能，并在自己和他人身上发掘领导潜力。

  本书的教学目标是帮助学生准确认识领导力的含义和特征，深刻领会正念领导力的本质和价值，正确把握领导者应该具备的自身修养，科学管理个人的情绪，掌握正确的思维方式方法，加深对现代领导规律的认识，从而更好地运用领导规律，应用领导知识，培养和提高现代领导技能。

  在本书编撰成稿的过程中，邹闻苡收集整理了大量文献资料，并承担了相当一部分的汇总编辑和文字梳理工作，付出了有份量的艰辛劳动；王树柏撰写了第三章及其他章节有关内容的初稿；盛鑫撰写了第四章及其他章节有关内容的初稿。此外，蒋开文在本书初稿成稿过程中承担了部分文献材料整理工作。本人负责了其他资料的收集、整理以及剩余内容的撰写等工作。

  本书在编写过程中得到了广泛的支持和帮助。首先，需要感谢的是本人的博士研究生导师，中山大学岭南学院经济学系储小平教授多年来在专业领域给予了本人悉心指导。其次，需要特别感谢我国情感智能领导力专家王玉博士对本书的结构、内容以及行文的要点提出的重要建议，王玉博士在本书成形的过程中一直通过语音及电话沟通，给予真诚的鼓励和帮助。最后，还要特别感谢同济大学出版社的相关编辑，是她们耐心细致的工作，促成了本书的顺利出版。诚然，本书作者为撰写此书付出了大量努力，但必须承认，由于日常教学研究工作繁忙，编写时间并不宽裕，加之水平的限制，书中难免存在一些问题和不足，恳请各位读者批评指正，以便在今后的修订中加以改进。

杨肖锋

2023 年 1 月

# CONTENTS 目 录

前言

## 项目一  领导力与情商 — 001
　　任务一　认识领导力 — 003
　　任务二　情商是根本的领导力 — 005
　　任务三　情商科学 — 011

## 项目二  觉察自我 — 017
　　任务一　认识自己的情绪 — 020
　　任务二　认识情绪智力 — 026
　　任务三　开发自我觉察能力 — 030

## 项目三  管理自我 — 043
　　任务一　管理自我情感 — 045
　　任务二　提升自我管理能力 — 050
　　任务三　控制强烈的情绪 — 053

## 项目四  开发倾听能力 — 059
　　任务一　树立先听后说的意识 — 062
　　任务二　寻找语言背后的线索 — 067
　　任务三　避免沟通中的常见障碍 — 072

## 项目五  开发社交技能 — 077
　　任务一　修习必要的社交技能 — 080

任务二　掌握沟通的主动权　　085
　　任务三　解决社交中的难题　　090

**项目六　正念领导力**　　099
　　任务一　认识正念　　101
　　任务二　认识正念对人体机能的影响　　104
　　任务三　正念领导力　　107

**项目七　运用权力与影响力**　　113
　　任务一　运用权力发挥影响力　　116
　　任务二　有效运用影响策略　　120
　　任务三　权力和影响力的模型　　125

**参考文献**　　129

# 项目一
# 领导力与情商

# 领导力开发——培养你的领导潜能

这是一个节奏较快又复杂多变的时代,又可称其为乌卡(VUCA)时代。"VUCA"一词源于军事用语,形容世界环境处于一种"不稳定"(volatile)、"不确定"(uncertain)、"复杂"(complex)和"模糊"(ambiguous)的状态之下。其实每个时代都在变,我们的人生每一天都在变。这个意思在中国的传统文化里面早就有表述,如《易经》中的"生生之谓易"。《易经》是群经之首,是中国传统文化里儒家和道家共同的文化根源,"易"就是变化,古人早就告诉我们,这个世界永远都在变。反观我们自身,我们人类作为生命体,其本身也在时刻发生着变化。中国古诗词"年年岁岁花相似,岁岁年年人不同"就是描述人事多变。《庄子·齐物论》中所言的"方生方死,方死方生"就是对生命变化的生动描述。佛家有一个词叫作"无常",意即没有恒常的存在,还有变化的意思。而在儒家学说中,很早就有关于变化和正确应对变化的论述。古汉语中的"权变"一词,从词义上说,就是随机应变的意思。

那么在当今快速变化的时代,领导者应该拥有何种特质,具备何种能力,才能在组织当中具备卓越的领导力?关于这个问题,中西方领导力研究者开发出了数百种领导力理论,而有一种领导力研究视角在近几年开始进入人们的视野,即情商与领导力相结合的研究。

### 知识目标

1. 理解领导力的含义;
2. 理解领导力与情商之间的关系;
3. 掌握情商所包含的模块。

### 能力目标

1. 能够依据自身的经验说出领导力的含义;
2. 能够依据领导力与情商的研究结论说出二者之间的关系;
3. 能够描述情商包括的四种能力。

# 任务一　认识领导力

**任务要求**

请依据自身的经验体会，谈谈什么是领导力。

请思考：一个人需要几名追随者，才能称得上是领导者呢？

## 必备知识

领导力（leadership）涉及三个方面的内容：领导者、被领导者和领导情境。从领导者的角度来看，领导力是领导者对被领导者的影响力，用公式表示，即领导力＝影响力。由此我们需要思考的一个问题是，影响的人越多，影响的范围就越广，领导力就越高吗？另一个需要思考的问题是，一个人需要有几名追随者，才能称得上是领导者呢？

从被领导者的角度来看，领导力是被领导者对领导者的追随力，即领导力＝追随力。本质上，领导力是人们对领导者自愿追随的程度。那么，一个人凭什么让人追随呢？权力、地位、金钱、能力、威信、人格魅力？影响追随力的主角是追随者，而非领导者。追随者喜欢什么，需要什么？领导者做什么，人们才会追随？这个话题一直是领导力领域探讨的重点。

关于什么是领导力，彼得·德鲁克（Peter F. Drucker）认为，领导力就是把一个人的视野提到更高的境界，把一个人的成就提到更高的标准，锤炼其人格，使之超越通常的局限。约翰·麦克斯韦尔（John C. Maxwell）认为，领导力不关乎头衔、地位与组织结构图，而是一个生命影响另一个生命的过程。史蒂文·J.斯坦（Steven J. Stein）认为，领导力是在任何情境下你影响一个或多个人的思想、行为或情感所采取的行动。还有学者认为，领导力是一种人际影响力，用于激发和释放人们的善意和潜能，领导者不仅要引导行为，更要改变人们的思想和心灵。在本书中，我们将领导力定义为一种能力，它能够激发组织成员的信心并赢得他们的支持，从而实现组织目标。

目前国内外关于组织中领导力的文章和书籍大概有1 400万种，其中对于领导力的定义和特点，归纳起来，主要有以下八点：

（1）个体影响团队实现共同目标的过程。
（2）影响力的不断累积胜过对于指令和命令的机械顺从。
（3）一种行动，促使所有人朝同一个方向行动或者反应。
（4）一种影响他人的艺术，通过说服或者示范使他人追随的一系列行为。
（5）一种为了保持控制他人和获得权力而做的努力。
（6）激励和协调组织是实现目标的主要动力。
（7）一种敢于承担责任的意愿。
（8）先弄清楚该做什么，然后告知组织成员。

需要指出的是，领导力不仅仅是在高层职位上的管理者应当具备的，组织中的任何一个层级都需要领导力。在一定程度上，那些不在正式的领导职位上的人也可以发挥领导作用。比如，厨房采购员可以主动向经理反映什么季节采购什么样的菜品可以提升消费者的满意度。这也恰恰回答了前文所提出的一个问题，一个人需要多少追随者才能称得上是领导者？有观点认为，一个人即使没有追随者，也是领导者。

在中国古代典籍中，我们可以找到很多关于领导力智慧的篇章。比如，儒家传统思想强调"修身、齐家、治国、平天下"。老子《道德经》强调："知人者智，自知者明。""太上，下知有之。其次，亲而誉之。其次，畏之。其次，侮之。"诸葛亮《诫子书》指出："夫君子之行，静以修身，俭以养德。非淡泊无以明志，非宁静无以致远。夫学须静也，才须学也，非学无以广才，非志无以成学。淫慢则不能励精，险躁则不能治性。"而《大学》的开篇就指出："大学之道，在明明德，在亲民，在止于至善。知止而后有定，定而后能静，静而后能安，安而后能虑，虑而后能得。物有本末，事有终始。知所先后，则近道矣。"在这些关于领导力的经典描述当中，我们发现，领导力是一种由内而外产生的影响力，也是一项需要终身修炼的能力。

# 任务二　情商是根本的领导力

**任务要求**

根据情商（情绪商数，emotional quotient，EQ）与领导力的相关研究结论，描述情商与领导力之间的关系。

## 必备知识

我们经常听到这样的故事：有些高智商、高技能的主管，在升迁到领导位置后却无法胜任；而有些智商中等，专业较为扎实，但并不是特别优异的人，在被拔擢到相同的职务后，却一路扶摇直上。心理学家丹尼尔·戈尔曼（Daniel Goleman）认为，所有高效能的领导者都有一个重要的共同点：他们都具备所谓的高情商。丹尼尔·戈尔曼在《高情商领导力》一书中指出，智商（智力商数，intelligence quotient，IQ）和专业技能都是很重要的，但这只是"门槛能力"，即担任管理职务的基本条件。而大量的研究数据都指向了一个事实，企业的成功与领导者的高情商息息相关。情商不仅能区别出优秀的领导者，同时也彰显了他们在影响力上的表现。科学研究结论同样也指出，如果能够采用正确的方法，我们可以培养发展自身的情商。

### 一、情商对领导绩效的影响

认知能力（或精神能力）和技术能力被看作在管理职务中获得成功的关键因素。基于对十几家公司的研究，丹尼尔·戈尔曼认为，一个人如果缺乏高情商，即使接受过极好的训练，拥有超越常人的分析能力，能提出许多创造性的建议，也不会是一个好的领导者。丹尼尔·戈尔曼的分析还显示，在高层管理职位上，技术能力的差别并不是很重要，情商反而会发挥更重要的作用。

知名人类及组织行为研究者戴维·麦克利兰（David C. McClelland）也就此进行了深入的研究，他在 1996 年一项关于全球食品饮料公司的研究中发现，在资深经理人的阶层当中，如果多数人都具备高情商，那么其部门的绩效普遍超过年收益目标 20%；反之，如果部门的几位领导者不具备高情商，则该部门的绩效通常低于年收益目标 20%。

在澳大利亚，伍伦贡大学的戴维·罗赛特（David Rosete）进行了一项情商与领导绩效关系的研究。这项研究主要是在控制个性、推理或智商等因素的基础上，根据情商预测领导绩效。这项研究对澳大利亚一家大型公共服务组织的 117 名高管进行了测验，测验内容包括个性、智商及情商。领导绩效主要通过年度反馈时高管的领导力有效性得分来获得。研究结果表明，个性因素与高管的绩效得分没有什么关联性。然而，情商测验（Mayer-Salovey-Caruso Emotional Intelligence Test，MSCEIT）的结果与高管绩效之间存在关联。情商测验的整体得分与"取得了什么结果"和"如何取得这些结果"显著相关。

## 二、情商与智商的对比研究

美国北方中央大学工商管理学院的 W. 李·特纳（W. Lee Turner）探讨了情商、智商和其他因素对领导力的影响。特纳一开始便指出，美国政府部门倾向于"使用过时的方法来识别潜在领导者"。他的报告指出，美国政府部门在过去的 60 年里一直使用智商测验来选拔领导者。特纳为了研究情商、智商和领导绩效之间的关系，收集了 52 位加利福尼亚州汉福德市一线和三线政府管理人员的数据。他通过研究发现，情商与进度绩效之间存在显著的正相关，智商与进度绩效之间存在显著的负相关。成本绩效与情商之间存在正相关，而与智商没有相关性。因此，在这个研究中，情商能比智商更好地预测领导绩效。需要注意的是，这项研究观察了真实工作人群的实际工作结果。

美国心理学家为了创造出一个全面的领导力能力模型，要求公司或企业的资深经理人指认出组织中最优秀领导者的典型职能。这些专家也使用客观的评判标准，比如，通过部门获利来区分组织内资深层级的明星表现者与一般表现者。专家在密集的面谈及测验下，得出不同层级者职能上的比较结果，并据此生成了高绩效领导者具备的特质列表，列表上有 7~15 项不等的特质，包括积极主动及策略眼光等。有些特质只反映认知、智商类别的能力，或纯技术性的能力，其余大部分则基于情商能力，如自我管理等。智商是优异表现的驱动力之一，其中认知能力尤其重要，如大局意识及长期眼光。但是当研究人员在评估专业技能和智商相较于情商对优异表现所产生的影响时，证实了情商对所有职级工作的重要性远高于前两者。另外，研究结论也显示，情商在企业高层级职务上扮演的角色越来越重要，在高层级上，技术能力反而显得微不足道。

### 三、情商对员工行为的影响

领导力的一个重要方面是激励他人，史蒂芬·科特（S. Cote）、彼得·洛佩斯（P. N. Lopes）和彼得·沙洛维（Peter Salovey）对137名男性和女性在创建愿景陈述中个性和情商的相对影响进行了研究。研究表明，高水平的情商与高质量的愿景陈述存在相关性，且情商对愿景陈述的影响远远超越了个性对愿景陈述的影响。

领导者的情商对组织内基层员工有什么影响？情商研究学者贾尔斯发现，员工对组织的忠诚度与经理的情商之间有显著关系。换句话说，经理的情商越高，员工对组织的忠诚度也会越高。经理管理和理解情商的能力对员工的忠诚度具有重大影响。

### 四、情商领导力

从前文所述的研究中，我们看到了情商和领导力之间存在着必然联系，进而可以了解情商和领导力的实质。第一，每一个领导者都是其所在组织的一员而不是独立存在的，组织的其他成员都可能会被其个人情绪的变动所影响。高情商的领导者不仅仅需要管控自己的情绪，更需要掌握和引导组织中其他成员的情绪，创造出良好的情绪环境，才能顺利完成组织目标。第二，领导者及其下属都是领导活动的基础，高情商的领导者会逐渐从领导活动的中央位置淡出到边缘位置，让其下属逐渐成为领导活动的中心。领导者放弃了过去的强制命令，转而利用情商领导力，让下属心甘情愿地跟随自己的步伐，在一个和谐健康的组织气氛中，达成集体目标和组织愿景。第三，个人情商在领导活动的全过程中都有体现，它是领导力的一个重要部分。高情商的领导者能够充分发挥其领导才能，激励下属在最佳状态下向前推进，进而推动组织发展。领导者的处事方法决定了下属积极性的高低和制定计划战略的成败。一个领导者如果没有足够的情商领导力,不能积极调动下属的情感,那么即便万事俱备,也不会有最好的效果。

所谓情商领导力,就是领导者在各种领导活动中,依靠自己的高情商,熟练地运用强烈的情感力量和精湛的情感管理技能来调动组织中其他成员的感情,让组织始终保持在最佳的工作状态,从而有效地完成团队的目标和愿景的领导方法和过程。

作为一种新的领导形式,情商领导具有不同于传统领导理论的特性,主要有平等性、互动性、协作性及关怀性四个基本特性。

### 1. 平等性

平等性主要体现在:情商领导与过去依赖权力与层级的强制领导不同,它需要领导者抛弃旧的特权和等级观念。在工作和生活中,领导者不能妄自尊大、自以为是,要懂得尊重下属,平等相处。情商领导最基本的特性就是平等性。

### 2. 互动性

互动性主要体现在:与过去的专制领导方式不同,情商领导能让领导者保持开放的思维,领导者能与下属进行更有效的信息交流和意见交流,重视互动,与下属建立良好的工作关系。这种沟通与交流体现了情商领导重视相互信任、相互尊重的特点,也会提醒领导者要公正、平等地对待自己的下属,防止自己有意识或无意识地对下属产生偏见,影响下属的工作状态。互动交流能确保领导活动的有效实施。

### 3. 协作性

协作性主要体现在:领导者更重视团队合作,改变过去的个人主义、个人崇拜的不良倾向。领导和下属之间的互动和协作在情商领导中发挥着重要的作用和价值,没有团队合作,就没有情商领导。高情商的领导者必须明白团队分工协作的意义和效果,使团队更积极健康地发展;熟悉所领导的团队,并与其他团队进行密切、良好的合作。"木桶原理"让我们明白,即使自己领导的团队是"一个木桶中最长的板子",能力非凡,表现卓越,但如果"木桶中有个最短的木板",自己团队的优秀对整体工作的推进也是无济于事的。因此,高情商的领导者更注重与其他团队的沟通,指导自己的团队增强与他人的全面协作。

### 4. 关怀性

关怀性主要体现在:领导者不能将下属视为一件工具或一台机器,而需要在各个方面照顾自己的下属。下属的迅速发展与组织和领导的关怀是分不开的。当下属在工作中遇到问题时，领导者需要提供帮助。下属若得不到上级的关心和帮助，就会深感孤独和无助，归属感和忠诚度就会下降，这对组织的共同感情是不利的。高情商的领导者很清楚这一点，他们会及时关注下属的困境，当下属有需要的时候竭尽全力给予下属关心和帮助，以此来拉近他们的心，让他们对组织更加忠诚。关怀性是情商领导的一个重要特性，它要求领导者在实际工作中贯彻以人为本的思想，关心和理解下属，从而增强团队的凝聚力。

## 五、情商领导力的思维模式

一个卓越的领导者应该具备很多关键的特质，如影响力、魅力、执行力、责任感、远见、梦想、理念等。但一个卓越的领导者，最重要的是有自己的愿景。公司的发展策略、短期目标、主要结果领域以及关键绩效指标（key performance indicator，KPI）都来自领导者的愿景和主见。领导者在制定目标时，必须随之建立起一套完整的评价系统。这种能力来源于领导者的思维模式（图1-1）。

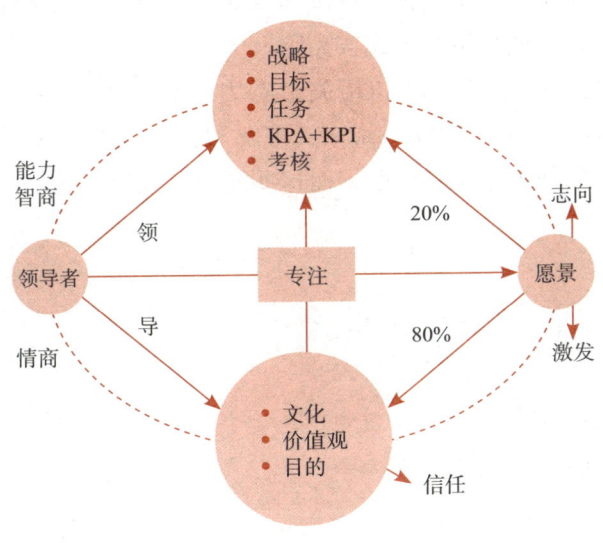

图1-1　领导者的思维模式

由谁来执行想法和策略？领导者的愿景之下，肯定伴随着激励。领导者通过关注人、关心人等方式激发下属的热情。在得到尊重和信赖后，下属就会更加积极地投入工作，做出更多的承诺。他们一旦被点燃热情，就会迸发出超出期望的巨大力量。而这一系列的领导行为要求领导者具备良好的自我认知、自我控制、他人认知和处理人际关系的能力。领导者运用这些行动和影响力的根本，就是高情商。

从设定愿景这个重要的行为中可以看出，领导者始终需要具备高情商。领导者必须当好舵手，为团队指明方向，也就是设定企业管理中的"团队愿景"。而领导者的目标愿景通常是在组织的战略中体现出来的，组织战略也就是书面化的、可付诸实践的组织愿景。领导者与下属的沟通情况会影响组织战略的实施。

怎样才能唤起人们心中的热情，建立起相互信任的关系呢？关键仍然在于领导者要能够充分利用自己的高情商，比如，领导者自身的愿景和热情会带动下属的意愿与热诚。领导者的自我认知与他人认知也尤为重要，只有当领导者的愿景和员工的价值观相一致时，双方才能相互理解，并由此建立起信任关系。

当一个团队在一定程度上形成了相同的价值观，从而产生了一致的行为规范，则一个以领导者风格为中心的组织文化就逐渐成型。与战略思考相比，组织文化与人际关系、团队精神、尊重和认同、敬业精神、责任感等主题有着更为密切的联系，也使得组织更充实完善。

从领导者设立愿景的行动和相关影响力来看，领导能力的强弱取决于能否与人建立信任关系。发现、认知、理解和善解人意，领导者的这些"软性"能力对建立信任关系很有帮助，而这些能力与领导者的个人情商有很大的关系。

# 任务三　情商科学

### 任务要求

结合彼得·沙洛维情商模式和丹尼尔·戈尔曼情商模式的内容，按照自己的理解，描述情商包括的四种能力。

 **必备知识**

神经科学家安东尼奥·达马西奥（Antonio Damasio）的研究对象是脑部受损的病人和丧失了情绪及感觉的人。他发现，脑部管理情绪部位受损的人甚至难以做出最简单的决策。他的结论是："情感和情绪并不干扰理性的决策，相反，没有了它们，好的决策几乎不可能发生。情绪帮助人们做出最有效的决策。"

《哈佛商业评论》（*Harvard Business Review*）曾经公布了一个关于商务人士在尝试解决战略性问题时其大脑的工作状况的研究。研究者让被试解决一些比较高级的商业问题，这些问题通常用理性和逻辑的方法才能解决。当被试解决这些问题时，研究者用功能性磁共振成像（functional magnetic resonance imaging，fMRI）对被试的大脑活动进行检测和记录，独立的专家小组给被试的问题解决方案打分。当研究者将专家的评分结果与通过 fMRI 得到的脑电波相比对时，他们发现解决方案得分最高的被试在解决问题的过程中，大脑中与情绪和直觉相关联的区域表现得更加活跃。基于这些探索，心理学家提出了许多情商定义，并尝试找到一些方法来测验情商。

## 一、彼得·沙洛维情商模式

著名心理学家彼得·沙洛维在情绪智力（emotional intelligence，EI）和情商方面进行了开拓性的研究。彼得·沙洛维于1986年在耶鲁大学获得哲学博士学位，随后留校任教，最后成为耶鲁大学校长。他从事了近40年有关情商的研究。1997年，他与新罕布什尔大学的约翰·梅耶（John D. Mayer）合作，建立了一个情商能力模型，即把情商看作人们在各种社会背景下处理和利用情感信息的能力。二人与大卫·R.卡鲁索（David R. Caruso）共同在2002年建立了一套能够定量衡量人类情绪智力的方法，即MSCEIT，通过对不同的实验群体和现实环境中的人的情商进行统计和衡量，从而得到许多有实用价值的结果。比如，研究者发现：智商与他人相近但拥有高情商的人事业会更加成功，家庭会更加和谐；人们的情商可以通过训练得到提升；一个人想要增强自身的整体竞争优势，一方面是具备一定的智力水平，另一方面是具备高情商这种"软能力"。

彼得·沙洛维认为，情商是指感知情绪、获取和产生情感的能力，人们依靠情商来思考、理解情绪及其背后的相关信息，并进行调整，从而提高情绪智力。他认为情商可以分为以下四个方面。

### 1. 感知自己和他人情绪

感知自己和他人情绪，即能感受到自己和别人的情感，能从美术、故事、音乐等各种事物中感受到各种情感。

### 2. 利用情绪帮助思考

利用情绪帮助思考，即在进行沟通时，能够产生、感知和利用情绪，以及在各类活动中能够调动情绪思考和解决问题，甚至进行创作。比如，吃冰淇淋的时候，品尝各种口味的冰淇淋会产生多样的感觉，可以据此选出自己喜欢的口味。研究表明，与情绪信息相关的大脑区域和做出决定的大脑区域有着密切的关系。

### 3. 了解情绪产生及波动方式

了解情绪产生及波动方式，即了解情绪中的各种信息、情绪在某些关系中的生成和发展以及情感的含义。比如恼火（annoyed）、生气（angry）、愤怒（rage）这种递进的变化。

### 4. 控制自己和他人情绪以获取正面成效

控制自己和他人情绪以获取正面成效，即保持一种对情感的开放态度，并且可以调节自己和别人的情感，从而让个人和团体都更加高效和强大。

彼得·沙洛维等心理学家认为，以上四种能力都能够被运用到实际工作和生活中，并且能够被测量。研究者可以通过对人们的情商进行定量的分析，发现情商对各个方面的影响，如人们的注意力、记忆、学习状况、个人判断、家庭关系、朋友关系、工作关系、身体健康、心理健康、学习成绩、工作状态等。在此基础上，研究者还可以利用情商来预测个体的心理与行为。与此同时，彼得·沙洛维也强调了"情商是一种很有用的东西，但是，情商并非通向完美世界的钥匙"。所以，大家不能仅仅依靠情商，也需要同样重视智商等多种因素的影响。

## 二、丹尼尔·戈尔曼情商模式

丹尼尔·戈尔曼认为，个人能力受多种因素影响，如情绪、动机、个性等。领导技巧属于情绪智力的范畴，拥有情绪智力，可以与他人共情、调节情感并提升生活质量。人们在沟通感情时，需要具备情绪智力。下面介绍组成情绪智力的四个主要要素，并简单介绍各个要素与领导能力之间的关系。

### 1. 自我意识

首先要了解自己的情感。有自知之明可以使人们了解自己的强项和局限，并对自己做出适当的评价。高明的领导者不仅能准确地衡量自身的情绪，还能够更好地了解自己的情绪对别人的影响，也就是拥有同理心。高明的领导者会寻找反馈，特别是了解自己的行动是否得到别人的接纳、认可。有智慧的领导者可以清晰地感觉到他人是否喜欢自己，以及施加在他人身上的压力是否恰当。

### 2. 自我管理

控制自己的情绪是一种重要的能力，这种能力往往与真诚、正直相伴。一个人由于未能完成预定的计划而生气，往往是因为缺少自我管理。共鸣型领导者不会因为偶然的坏情绪而影响一整天的工作。如果团队成员无法战胜坏情绪，领导者可以让该成员了解自己的问题是什么，并引导他有效控制坏情绪。因为一次分歧而突然解散整个团队的领导者，往往不具备自我管理能力。

### 3. 社交意识

要能够换位思考，并本能地了解到组织存在的问题。具有社交意识的领导者可以通过表达自己的偏好来了解别人的感受。社交意识可以帮助领导者评估团队成员对工作的热情是否充沛。领导者与工会的谈判也需要足够的同理心，以避免发生罢工。

#### 4. 关系管理

关系管理包含了沟通交流、解决争端以及建立一个完善的人际关系网络的能力。共鸣型领导者能够以友好和幽默的方式来表达自己的激情,并化解矛盾,这需要大量运用关系管理技能。具有高水平关系管理技能的领导者会持续扩展自己的人脉,从而获得所需要的帮助。领导者如果拥有高超的关系管理能力,也更容易获得新的工作机遇。

---

**拓展阅读 1-1**

### 情商研究模式

对于情商的研究有几十种理论,归纳起来主要有三种模式,每种模式代表了不同的研究方向。

第一种模式是由彼得·沙洛维和约翰·梅耶提出的,他们一直坚持由智商研究开创的传统智力研究范式。

第二种模式是由鲁文·巴昂(Reuven Bar-On)提出的,起源于他的幸福研究。

第三种模式是丹尼尔·戈尔曼和Genos(2002年成立的国际化情商产品和相关应用机构)研究的领域,融合了情商理论和关于个体竞争力的模型研究,关注行为层面以及工作和组织领导力的表现。丹尼尔·戈尔曼说:"情商是一种鉴别性的竞争力,最能反映谁在一群很聪明的人当中最有号令群雄的本领。"

Genos的情商模型是一组"胜任力"模型。Genos定义的情商是界定、认知、了解、适应和管理自己及他人感觉的一组技能。运用好情商不是将负面情绪视为摩擦的根源,而是更有效地把牢骚转化为有用的批评,营造和谐高效的氛围,从而建立更有效的关系网。

## 拓展阅读 1-2

### 孔子是如何应对"变化"的?

关于"变"的内涵以及如何应对"变",孔子早有论述。《论语》中"权"一共出现了三次,除一次是作为度量衡来讲,其余两次都是灵活、变通的意思。"子曰:'可与共学,未可与适道;可与适道,未可与立;可与立,未可与权。'"(《论语·子罕》,以下只注篇名)意思是:可以同他一道学习的人,未必可以同他一道取得某种成就;可以同他一道取得某种成就的人,未必可以同他一道事事以礼而行;可以同他一道事事以礼而行的人,未必可以同他一道通权达变。在《微子》篇中孔子对虞仲、夷逸二人说:"隐居放言,身中清,废中权。""我则异于是,无可无不可。"从这两处对于"权"的论述中可以看出,孔子非常强调灵活性和主动性。

《泰伯》篇中直接记载了孔子的处世之道——"笃信好学,守死善道。危邦不入,乱邦不居。天下有道则见,无道则隐。"意思是:要努力学习、坚定信念,在外部条件允许时就要毫不犹豫地行动,有所作为;但是当外部条件不成熟时,就不可强求,不要做出不必要的牺牲,应该保全自己,韬光养晦,待有道之时。《公冶长》中也记载:"子谓南容:'邦有道,不废;邦无道,免于刑戮。'"意思是:国家政治清明,南容能够为国家所用;国家政治黑暗,以南容的智慧也可以免去刑戮。同一篇中孔子又说:"宁武子,邦有道则知,邦无道则愚,其知可及也,其愚不可及也。"从中不难看出,孔子对于宁武子的韬光养晦是很推崇的。

《宪问》中记载,孔子指出:"邦有道,危言危行;邦无道,危行言孙。"意思是:国家政治清明,要正言正行;国家政治黑暗,要行为正直,但说话要谦逊,切不可意气用事,逞一时之勇。孔子在对史鱼和蘧伯玉的评论中也指出:"直哉史鱼!邦有道,如矢;邦无道,如矢。君子哉蘧伯玉!邦有道,则仕;邦无道,则可卷而怀之。"史鱼是卫国的大夫。据《韩诗外传》记载,他是一个非常正直的人,临死时对儿子说自己对于不能举荐贤人蘧伯玉、不能罢免小人弥子瑕而深感惭愧，所以嘱咐儿子不要在正堂办丧事，只在居室殡殓就可以了。卫灵公知道以后重用了蘧伯玉而罢免了弥子瑕。正直的史鱼为国家甚至"死以尸谏"，是国家栋梁；而蘧伯玉为了能做一番大事，则是该隐则隐、该出则出，最终成就一番大业，也是一位君子。从中我们可以看出，孔子认为在实现人生目标的过程当中，是可以突破寻常之礼的。

# 项目二

## 觉察自我

觉察，觉是学习看见，察是考察明辨。自我觉察，就是指个体能够辨别和了解自己的感觉、信念、态度、价值观、目标、动机和行为。我们发现不同学科领域对自我觉察有不同的观点，其中最热门的领域有两个，一个是心理学，另一个是管理学。心理学界讨论自我觉察不意外，但管理学界之所以会讨论自我觉察，是因为情商与领导力的核心基础都是自我觉察。

1972年，托马斯·雪莱·杜瓦尔（Thomas Shelley Duval）和罗伯特·威克伦德（Robert Wicklund）两位学者最早发展出自我觉察理论，该理论认为自我觉察有两种：主观的（subjective）与客观的（objective）。主观的自我觉察是通过直接观察自身状况进行的，比如自己的言行举止、态度、想法、情绪等；而客观的自我觉察则是通过比较进行的，比如比较自己与他人，比较自己与社会标准等。

长年研究商界人士的自我觉察的塔莎·欧里希（Tasha Eurich）博士，于2018年在《哈佛商业评论》发表一篇重要的文章，文章指出，她通过观察近5 000名研究对象，总结出两种自我觉察：内部的（internal）与外部的（external）。内部的自我觉察就是有自知之明，很清楚自己的强项和弱项，并且能发挥强项，不会"有志难伸"；而外部的自我觉察是指了解别人如何看待自己，包括能开放地接受别人的建议或意见。

对于领导者而言，认清自己是非常重要的。领导者要真正了解自己的生活背景，最适合自己的角色，自己的天赋、兴趣、优势、性格、做事的原则、道德底线、价值观、信仰、原动力。只有这样，领导者才能适时、高效地发挥自己的才能，打造高绩效领导力。

**知识目标**

1. 理解情绪变化产生的原因；
2. 认识自我觉察的常见错误；
3. 掌握提升自我觉察能力的方法。

项目二　觉察自我

**能力目标**

1. 能够清楚地觉察情绪是如何产生的；
2. 纠正自我觉察的常见错误；
3. 能够对自己有一个更为全面的认识。

# 任务一　认识自己的情绪

**任务要求**

请回顾自身经历,在什么情况下你会产生较大的情绪波动?

 **必备知识**

在工作和日常生活中,你是否常常能意识到你的感觉、心情和情绪?你是否常常能找出你的感觉、心情和情绪产生的原因?你是否常常思考感觉、心情和情绪对你的思想、决定和行为的影响?这种同步感知自我情绪变化以及认知理解情绪变化产生的原因及其对思维、决策、行为、业绩的影响的能力可以帮助我们时时刻刻活在当下,使自己能够与情绪同频。

有些人能够很好地读懂自己的情绪。他们能区分当下的情绪是身体的症状还是思维所引起的对压力的反应;他们能聚焦在症状上,如头疼、手心出汗、心跳加速,并且能理解情绪背后的想法以及想法背后真正的内心需要。有的人能够通过分散注意力来练习自控能力,如正念呼吸冥想练习。事实上正念练习可以在一天当中的任何时候进行。人们往往低估了情绪对日常工作的重要性,也低估了情绪对生活方方面面都具有的重要影响。

## 一、情绪的概念

什么是情绪?情绪(emotion)是一个心理学名词。心理学家将情绪定义为一系列主观体验的统称,它是多种复杂的感觉、思维和行为表现综合产生的生理与心理状态。因此,情绪不单单是由某个事件引起的感觉,而是一个包含思维、感觉和行为的综合体;情绪不仅是心理状态,也是一种生理状态。

一个人一天当中有大约 25 000 种情绪，但我们实际上没有充足的词汇来准确地描述这些情绪。感觉（feeling）不能完全用言语或词汇来描述，当这些感觉汇聚在一起，我们就可以称之为心情（mood）。心情可以用好、坏或者中立来描述，并且能够让周围的人感受到。当我们心情好的时候，我们带给环境的就是正能量；当我们心情不好的时候，我们带给环境的就是负能量。而情绪的变化决定我们的心情，这就需要我们认知情绪、管理情绪，这种管理与规范情绪的能力就是情绪智力（图 2-1）。

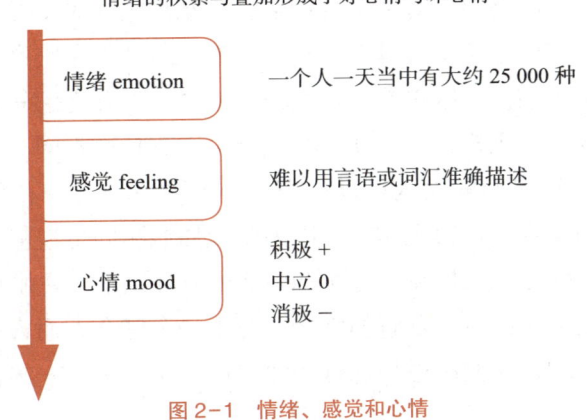

图 2-1　情绪、感觉和心情

## 二、调节情绪的脑部区域

在驾驭情感世界的过程中，大脑不仅掌管着理性思维、意图、主观臆断、评价与判断、想法与情节，还会感受由此形成的情绪，使我们的身体开始对情绪做出响应。大脑由左、右两个大脑半球组成，即左脑和右脑。

对情绪和冲动的自我调节，很大程度上取决于大脑执行中枢前额皮层与中脑情绪中枢之间的互动作用，尤其依赖汇合于杏仁核的神经回路。前额皮层是实现自我调节的主要神经区域，能够把我们导向最佳状态，也就是所谓的大脑"好领导"。前额区的背外侧是负责注意力调节、认知控制、自主行为、决策推理以及灵活应变的区域。杏仁核是苦恼、愤怒、冲动、恐惧等情绪的触发器。一旦杏仁核神经回路接管大脑，它就是"坏领导"，会让我们采取事后感到后悔的行动。

当我们情绪高涨时，比如，热情洋溢、精力充沛，仿佛什么都难不倒我们的时候，左前额区就活跃起来；情绪失控或受到困扰时，右前额区的活动水平较高。右前额区较活跃的人容易产生消极情绪，而左前额区比右前额区活跃的人更有可能产生积极情绪，日常也会更积极。

我们的行为是由心智所指挥的，而我们的心智能力可以对应到大脑的特定部位。左、右两个半脑能接收来自对侧眼睛的视觉信息，右脑接收左眼所见，而左脑则接收右眼所见；两个半脑也控制对侧身体的行动，右脑控制左侧身体的动作，左脑则控制右侧身体的动作。

不同心智功能在大脑中有不同的对应区域。数学、逻辑和记忆提取的功能由左脑主宰，空间能力、对艺术的理解、直觉推理、对脸部和情绪的辨认则主要由右脑负责。两个半脑都具有处理语言的能力，但左脑所占比重较大，它负责理性地分析语句，右脑也能辨认大部分词语，但要理解句法就有困难。比如，右脑无法区分"飞机在飞"和"在飞飞机"有什么不同。

脑功能特化让我们的大脑可以运作得更有效率，左、右两个半脑之间的联系则能让大脑连续工作得更顺利。因为胼胝体能瞬间传递信息，所以我们无须意识便能立即融会双眼所见，并协调两侧的身体动作。左脑储存的词汇知识可以和右脑对上下文内容的理解相结合。对于一个健全人而言，两个半脑的分工是难以被察觉的，我们的思想和行动似乎根源于一个单一的自我。

## 三、心智脑部实验

脑部研究结果显示，在罕见的大脑半球切除手术中，两个半脑之间的联系被破坏，通常是因为外科医生切断了连接两个大脑半球的神经纤维束（即胼胝体）。这是一种逼不得已的最终手段，是为了阻止严重的癫痫发作。一般情况下，人就算没有了左、右脑之间的联系，也还是可以过得很好，他们原本的性格和智力都不会发生改变。同时，这种手术突显了一个事实，即左、右半脑几乎可以独立运作，就仿佛裂脑人同时拥有两个心智，它们有时还会互相冲突。

在一个经典实验中，研究者让裂脑人坐在荧幕前，并要求他们注视荧幕中间的点，接着荧幕上快速闪现"HEART"字样，并让"HE"出现在荧幕左侧，而"ART"出现在荧幕右侧。当研究者问裂脑人荧幕上出现了什么字时，裂脑人的回答是"ART"，这是因为左、右交错的视神经将荧幕右侧的文字信息传达到左脑的语言处理区域。但当研究者要求同一位裂脑人用左手指出他所看到的文字时，该裂脑人则指向"HE"，因为这个文字信息曾被传达到控制该裂脑人左手的右脑。这样的结果让该裂脑人吃惊，因为他并没有意识到自己看到了"HE"。有些裂脑人可以同时阅读两本书，一只眼睛看一本，或是同时用左、右手分别画出两个不同的圆形；有些裂脑人的左手和右手会做出截然相反的动作，比如，在一只手解开衬衫纽扣的同时，另一只手又将纽扣重新扣上。

裂脑人有时无法意识到自己行为产生的原因。一个裂脑人的右脑接收了"走"的指令，他就会开始行走。但问他为什么在走路时，他却不会说是有人叫他走，也不会说他不知道。他负责逻辑思考的左脑会想出一个理由，比如，他会说"我要进屋里去拿瓶可乐"。

那么健全人就真的控制得了自己的行为吗？还是说，我们的大脑有自己的活动过程，且独立于意识、知觉之外？如同演化科学已经证实我们的某些行为是先天内建于脑部的，现代神经科学的进步已经证明，大脑能处理资讯，基本上也能自己做出决策。很多心理学家现在已经同意认知科学家马文·明斯基（Marvin Lee Minsky）所说的"心智是脑部运作的结果"。种类广泛的情绪和行为都能直接回溯到相对应的脑部区域。记忆、注意力、判断力、知觉、同理心、情绪和自我认知等心智历程，全都源自神经运作，然而，很多神经运作过程不会被心智所察觉，只有进行脑部功能扫描时才会被发现。当你发现自己做出无法解释的行为时，很可能就是你的大脑叫你做的。

不仅是裂脑人，其实我们在健全人的大脑中也能发现两种信息处理的轨迹：有意识的信息处理（如感觉、思想、情绪、决策）和无意识的信息处理。就像冰山大部分都藏在看不到的海面下，无意识的信息处理往往比有意识的信息处理更多。据估计，我们的感官每秒能接收大约1100万条信息，但我们只能有意识地处理其中的大约40条。这并非坏事。假如我们时时刻刻都会同时意识到每一种声音、每一种触感、每一次呼吸、每一个动作转换，那么我们根本无法正常生活。

无意识觉察的一个例子是视盲现象，这会发生在皮质性视盲患者身上。这些人拥有健康的眼睛和完整的视觉传导途径，但脑部主宰视觉和物件辨识的区域受到损坏。研究者拿着一颗球站在这类患者面前，要求他辨认物体，他回答说他看不到；但若要求他伸手抓球，他却可以轻松做到。这是因为他已经无意识地将一些信息传达到负责空间反应的脑部未受损区域。视盲现象也隐藏在其他心理运作过程中，包括记忆、决策、偏见、互动、情绪反应等方面。许多现代心理学研究都致力于了解这些潜藏的动机，以及它们如何影响我们的行为。总之，科学研究不断指向一个事实，那就是我们的心智犹如冰山。

### 拓展阅读 2-1

#### "不愠"的哲学之道

"人不知而不愠,不亦君子乎?"这句话是说在道德和学问方面有成就的人,即使不被人了解,也"不愠"。"不愠"这个问题很重要。"怨天尤人"这四个字我们都知道,有些人碰到了艰难困苦,遭遇了打击,就责怪别人对不起自己,不帮自己的忙,更有甚者连天都埋怨。人如果真正做到了"为学问而学问",就不怨天、不尤人,遇到困难时就痛切反省并反问自己,为什么自己站不起来?为什么自己没有达到这个目的?是自己的学问、修养不够,还是做法的问题?拿现在的观念说,这是学习之道、人生之道,不蕴藏怨恨的心理才是健康的心理,有这样心理的人才是君子。从治学观念上来讲,这是讲究人生哲学的开始。

"子曰:学而时习之,不亦说乎?有朋自远方来,不亦乐乎?人不知而不愠,不亦君子乎?"连贯这三句话的意义来说明读书、做学问的修养,自始至终,无非要先能自得其乐,然后才能"后天下之乐而乐"。所以这三句话的重点,在于中间的一句"不亦乐乎"。我们现在不妨引用明代陈眉公的话作为参考:"如何是独乐乐?曰:无事此静坐,一日是两日。如何是与人乐乐?曰:与君一席话,胜读十年书。如何是众乐乐?曰:此中空洞原无物,何止容卿数百人。"有此胸襟,有此气度,自然就可以做到"人不知而不愠"了。知识越多,地位越高,既不能得意忘形,也不能失意忘形,不然便成为"直到天门最高处,不能容物只容身"了。

### 拓展阅读 2-2

#### 静的修养

对于思想,我们不要去控制它,譬如说我们想静下来,脑子里在想"我最好静下来",这反而又多了一个念头,所以最好不要产生"我最好静下来"的想法。

许多人学佛、学道、打坐、练功夫，有意要把心静下来，这心怎么能静？有的把两腿盘起来，闭眼不语，这也可以，但不是真正"静"的境界。如说这就是静，那是行不通的。这样坐在那里，心里却不断胡思乱想，这不是真正的"静"。

所谓"真正的静"，要有高度的修养，比如，一面批改公文，一面听取报告，处理急务。虽日理万机，但心境始终是宁静的。现在我们坐在这里，所思所想不断变化，我们不必理会上一秒想了些什么，而只专注于当下正在思考的事，就能排除一切干扰，聚精会神做好眼前的事。所谓宁静致远，不外如是。

# 任务二 认识情绪智力

> **任务要求**
>
> 你是否容易受到情绪支配？如何做到支配情绪？
> _____
> _____

## 必备知识

自我情感认知就是感知和理解自身情绪的技能，是情感技能中最基础的一项。它让我们能够同步感知自我情绪的变化，理解这些情绪产生的原因，以及这些情绪将如何影响我们的思维、决策、判断、行为与业绩。

在工作中自我情感认知能力强的人，心态、感觉和情绪与其工作更为协调，表现为充分了解自身的情绪对其思考和决策的影响。他们的表现、行为和决策，因为适当的情感因素而更能为他人所接受，也更能影响他人。我们如果不具备这项能力，与自身的情绪是脱节的，就会处于自我认知低效能的状态。达到自我认知高效能需要我们活在当下，与自己的情绪和睦相处，随时随地感知自身情绪的变化，了解自身情绪的"默认模式"和"导火索"，管理和驾驭好自己的情绪。

### 一、自我情感认知

自我情感认知可以让我们清楚知道自己的情绪产生的原因，并进一步认知这些情绪对我们的思维、判断、决策、行为与业绩产生的影响。具体来说，自我情感认知强调三个重要的方面。

**1. 同步感知自己情绪的波动和变化**

每个人都具有自我意识，区别在于每个人的自我意识程度不同。对于情绪的自我意识，我们只需要问问自己现在感受如何就知道了。如果我们可以进一步用准确的词汇来描述自己的心情（如愉悦、期待、兴奋、担心、忐忑、顾虑等），能够随时随地同步识别出自我情感的状态和变化，就说明我们已经具备同步感知的能力了。

### 2. 理解情绪产生的原因

通过学习前面章节关于情绪科学以及对自我的简单觉察的描述，我们知道，任何情绪的产生都可以归纳为两个因素：一是内因，内因是一个人特有的心智模式，也是一个人对事件特有的认知；二是外因，外因是导致这种情绪出现的外部事件。外部事件引发的情绪通常比较容易识别，但如果是由价值观的冲突或内心的需求没有得到满足等心理方面的因素引发的情绪，就没那么容易识别了。在管理学与心理学领域，大量的研究表明，对于心智模式的觉察，需要有大量的内观觉察练习，这样的练习需要有规律地进行并长期坚持，才会呈现出一定的效果。每个人的潜意识都是一个有待挖掘的神奇宝库。

### 3. 清晰地知道情绪会怎样影响行为

对于领导者而言，需要认清的一个事实就是情绪会影响我们的思维，从而影响我们的行为，我们的行为又会对周围和我们接触的人产生影响。比如，当我们放松的时候，我们的大脑就会闪现一些有创造力的想法和解决问题的妙招；而当我们紧张、有压力的时候，我们的大脑思维就会受到阻碍，容易钻牛角尖。所以，自我觉察程度较高的领导者深知，调整情绪就是调整思维的宽度和深度，具备了这项能力就能够更有智慧地面对当下的环境和事情，做出的决策也更容易让问题迎刃而解。

## 二、认知自我觉察的常见错误

### 1. 只有10%～15%的人具备自我觉察的能力

塔莎·欧里希博士认为，真正具备自我觉察能力的人是相当稀有的，她在对近5 000名对象进行研究后发现，只有10%～15%的人具备这种能力。我们常以为"很会想"或"想很多"就是很会自我觉察。实际上，脑海中的声音很多，常常会让你难以控制好自己，难以和他人进行高质量的互动，而这些都不是具有良好自我觉察能力的表现。

### 2. 经验与权力可能会是阻碍

常识告诉我们，经验的累积可以帮助我们从不同的角度去思考和观察，而经验的累积常伴随着权力的增加,有些人会因成功带来的自信错误地认为,经验与权力可以有效地提升自我觉察。对于事业处于高峰或巅峰状态者而言,权力与高位常常使他们自我感觉良好,周围的人也往往因此附和,他们在不知不觉中距离自我觉察越来越遥远。同时,哈佛商学院的一项研究表明,领导者常常面临一些难以自我突破的瓶颈,如刚愎自用、经验主义、骄傲自满等。因此,经验与权力可能会阻碍自我觉察。

### 3. 自我反省不等于自我觉察

很多人会把自我觉察与自我反省混为一谈,其实二者是不同的。自我反省主要是针对不舒服或不成功的经验,但自我觉察是全面的。我们在自我反省时很容易习惯性地问"为什么"(why),这导致我们不自觉地原地打转,停滞在自己想象的世界里,而在思考过程中忽略了自己的思维模式是什么、自我的特点和情绪是如何影响事情的发展的等问题。

真正能够促进自我觉察的问法是"什么"(what),从"为什么会发生这件事情?"改为"发现了什么?"或者"做些什么可以有帮助?"。自我反省是重要的,但适度就好,过度自我反省会导致自我怀疑,这不仅无济于事,甚至还会成为阻碍。而自我觉察则是在行住坐卧中用第三者的眼光来观察自我与环境是如何互动的,观察自己的情绪在一天当中的起伏。事实上,一个人即使能够很好地控制自己的情绪,也会有自我觉察的盲区。

## 三、自我觉察的三大盲区

### 1. 行为的盲区

行为的盲区通常与背景、习惯、性格等有关。有的领导者特别喜欢招在世界500强企业工作过的员工,可能因为这些领导者刚进入职场的时候有一个愿望,就是进入世界500强企业工作,结果一直没有机会,所以他们对世界500强企业充满了向往和崇拜。自己做了高管或创办企业以后,就偏好招在世界500强企业工作过的员工,如果没有觉察到自己这个行为背后的原因,那么可能就会出现招的人不符合公司要求的情况。有的领导者一旦做和人有关的决策,特别是见到员工伤心落泪时,就会优柔寡断,这样的领导者可能在性格上偏感性,也就是现在流行的MBTI(Myers-Briggs Type Indicator)16型人格测试中决策的F型(feeling,感受型)。当我们没有意识到背景、习惯、性格对工作造成的影响时,我们就会重复我们的行为,相应的后果也会不断被重复。

### 2. 认知的盲区

认知的盲区有非常多的方面，比较大的盲区会出现在对世界的认知和对自我的认知方面。基于很多科学和逻辑的学习和训练，我们常常将世界分为"好的"和"坏的"，"对的"和"错的"，这种二元的认识容易使我们屏蔽第三种或更多的可能，反映在工作中，就是对方案的支持选边，对人的支持选边，那么群体的智慧就不会涌现，领导者也不会进行更多的学习。领导者之所以能够成为领导者，一定有其过人之处，如丰富的学识、成功的经验等，再加上其所处的权威位置，二元论的影响会被进一步放大，领导者会更容易产生"我是对的，你是错的""我高你低"的想法。然而过去的经验和成功却不一定能带你走向未来的成功，正如著名高管教练马歇尔·戈德史密斯（Marshall Goldsmith）所说："带你来到这儿的，并不会带你去到那儿。"当领导者一直不能将那个"对的""水平高的""成功的"自己放下的时候，这些意识会一直阻碍他更加开放地向同事、下属、年轻人甚至孩子学习。

### 3. 情绪的盲区

在快速变化和充满不确定性的时代，领导者的压力是非常大的，这也常常伴随着情绪的剧烈变化，而情绪也会有盲区，就像海面下的冰山。情绪通常和价值观及深层次的需要相关联。在工作中，我们通常会注意到有的领导者容易不高兴，甚至易怒。不知道领导者自己有没有意识到这些不高兴、愤怒的情绪来源于哪里，是因为下属的工作没有按照自己的要求去做还是对结果不满。对过程和结果不满的情绪背后常常是一种控制，很有可能和恐惧有关，当人们追求极度的安全感时，就需要控制，这就是一种安全感的需要和追求控制的价值观。如果领导者能够意识到这一点并进行相应的探索，那对于新生代员工的管理将会有新的启发，从而促进一些正向改变的发生。

# 任务三　开发自我觉察能力

## 任务要求

使用情绪列表（表2-1）中的三种情绪来描述你今天的情绪，并运用自我情感认知三步法将这三种情绪分解，使用剥洋葱法将这三种情绪对号入座。

 **必备知识**

领导者在工作中应该如何识别、同步觉察以及认知自己情绪的变化呢？有些人会出现生理反应，如胃部不适、耳根涨红、脸部发热、心跳加速、呼吸急促等。情绪表现在身体上就是不同的生理反应。有些领导者善于关注自己的生理变化以及自己的情绪反应。当他们因压力大而感到害怕或愤怒时，他们会及时觉察这些身体的变化，然后在工作当中做出调整。经验丰富的领导者甚至可以通过觉察这些情绪，从而清晰地觉察和认识自己。这些情绪也像一个指示器，随时告诉我们什么时候该后退、放慢节奏，让大脑回归理性思考。

大量的研究表明，领导者的职位越高，越容易感到焦虑，甚至会感觉像在刀锋剑刃上行走。因为很多时候没有人能够指引他该向何处去，接下来该怎么办。这时，领导者不仅要找回自己的初心，更需要认识自己，从而认识自己与环境的关系。正念是一种聚焦于当下的状态，感知自己、感知身边人，以及在面对紧张环境时感知自己反应的能力。具有正念的领导者能够理解他人并激励他人向共同的目标努力，进而成为卓有成效的领导者。

## 一、自我情感认知三步法

要让自我情感认知上升为一种智能，我们需要了解情绪产生的整个过程，首先是所见所闻，接下来对遇到的事物产生观点，即引发个性化的思维模式，然后再形成自身的感受，最后个体会在情绪的指引下采取行动（图2-2）。自我情感认知三步法：第一步，确定自己的想法；第二步，辨明自己的情绪；第三步，选择自己的行动。

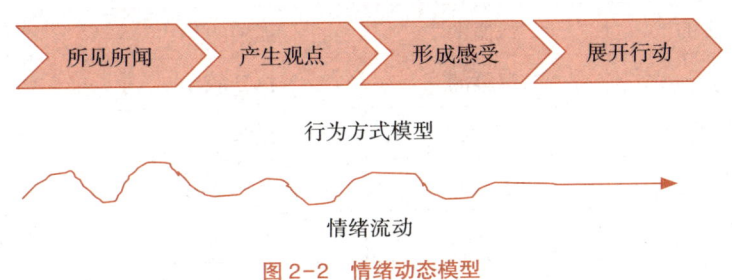

图2-2　情绪动态模型

一个人的情绪是处于变化当中的，即使外部的情境保持相对不变，一个人的情绪也会随着大脑中所思所想的变化而变化。外部事件的发生会引发我们的大脑产生一系列的思维和想法。事实上，我们还会加入自己的判断——这种行为是好还是坏。在这些想法或情节的基础上，我们身体里情绪流动的强弱程度和频率就会发生变化，从而驱使我们做出一些行动决策。

情绪动态模型给我们提供了一个情绪引发行为的过程框架，这个模型可以很客观地解释人们的情绪行为模式。然而，清晰地觉察内在思维和情绪的流动却不是一件容易的事情。原因很简单，人是非常复杂的个体，每个人有与生俱来的性格和个性，有的人可能终其一生都无法完全认识自我。因此，规律而持续地练习自我觉察的能力是实现自我情感充分认知的必要条件。

## 二、自我情感认知剥洋葱法

看看表2-1中的情绪描述词，有哪些是你所熟悉并且总是能够感知到的情绪？

表 2-1 情绪列表

| 描述词 | | | |
| --- | --- | --- | --- |
| 被接受的 | 幸运的 | 猜疑的 | 耐心的 |
| 被指控的 | 手忙脚乱的 | 好交际的 | 平静的 |
| 尊敬的 | 自由的 | 确信的 | 放心的 |
| 坏的 | 友善的 | 亲切的 | 难控制的 |
| 有障碍的 | 沮丧的 | 懒惰的 | 自豪的 |
| 被出卖的 | 慷慨的 | 孤独的 | 悲伤的 |
| 自满的 | 温柔的 | 热爱的 | 安全的 |
| 烦恼的 | 好的 | 误解的 | 满足的 |
| 被责难的 | 感激的 | 喜怒无常的 | 非常兴奋的 |
| 自信的 | 健康的 | 生气的 | 健谈的 |
| 迷乱的 | 无助的 | 被忽视的 | 疲倦的 |
| 满意的 | 犹豫的 | 焦虑的 | 未被欣赏的 |
| 被欺骗的 | 有见识的 | 有义务的 | 难受的 |
| 防守的 | 易怒的 | 冒犯的 | 冷漠的 |
| 渴望的 | 单纯的 | 开放的 | 心不在焉的 |
| 尴尬的 | 无把握的 | 乐观的 | 热情的 |

当然,这种对情绪的单纯感知只是一种初步的情绪认知,并不能有效提高自我情感认知能力。我们还可以通过剥洋葱法(图 2-3)强化自我情感认知能力,从而更有效地认知情绪产生的源头。

**1. 最外层和次外层认知**

对于部分人而言,自身的外表给人留下的印象会影响他人对自己的看法,从而影响自身情绪的变化。我们通常所说的专业形象、职业着装指的就是这些方面。很多人在刚步入社交圈的时候,是从外在形象来进行自我认知的。但人的底气更多的是来自次外层的学历、技能、经验、知识、视野等,所谓"艺高人胆大""技多不压身"指的就是这些方面。

**2. 内一层:优势、性格、风格、习惯的认知**

美国盖洛普公司对人的优势进行了几十年的观察与调研,发现每个人都

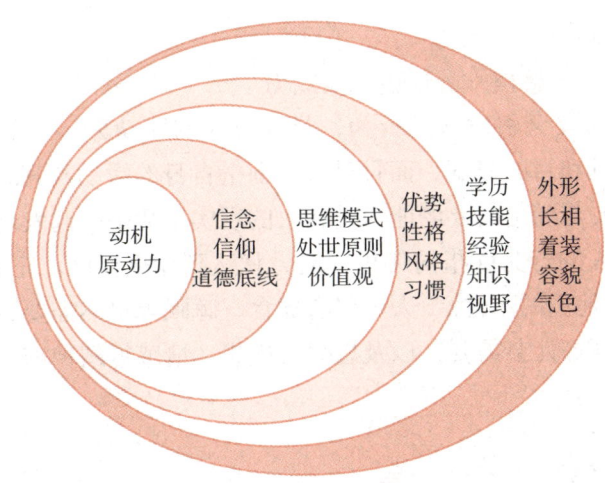

图 2-3 剥洋葱法

能获知有关自己天赋的五大优势主题。当我们运用自己的优势时，比较容易产生正面积极快乐的情绪；在不是自己优势的领域工作发展的时候，就会产生压力，感受到担心、恐惧，也比较容易有挫败感。性格因素也会影响情绪的变化，当外部环境与自身的性格匹配吻合时，人们就感觉很舒服；一旦环境气氛与自己的性格格格不入，人们就会有不自在、难受的感觉。比如说，外向型的人喜欢到户外活动，与人交往、交流，在人际互动中获取能量，如果长时间让他们待在封闭式的环境中，他们就会很难受。

### 3. 内二层：思维模式、处世原则与价值观的认知

我们的思维模式、处世原则与价值观可以说是引发情绪的深层原因。有时候我们会感知自己对某些场合或某些人有莫名的抵触情绪，而对另一些场合或另一些人有种莫名的好感。在很多情形下，情绪是价值观的窗口，如果事件的发生与人们的价值观一致，该事件就会引发正面和积极的情绪反应；如果事件的发生与价值观不吻合，人就会产生负面情绪。随着年龄的增长，我们可能会渐渐认识到自己的价值观，开始变得包容，心态也变得更加平和，以前的负面情绪也会慢慢减弱或消失。

### 4. 内三层：信念、信仰与道德底线的认知

这一层是精神层面的力量。尼采说："知晓生命的意义，方能忍耐一切。"能够点燃人类精神的事物都能让我们全情投入，进而有最佳表现。信念与信仰的关键动力在于人格品质。一个人如果目标明确，信念坚定，就有勇气面对艰难困苦，甚至做出牺牲也在所不辞。这种信念会使人展现出执着追求的激情、

奉献、正直与诚实。

### 5. 最内层：人最根本的动机、原动力

人的基本需要会引发人的行为，是人行为的原动力。人的基本需要不仅是人的行为动机和目的根据，而且是人们衡量自身的活动及其结果价值的最终尺度。人的需要与满足需要的能力是在人的现实生活中一起发展的，需要发展到什么程度，人的行为就指向哪里，能力就达到什么程度。正如马克思所说："他们的需要即他们的本性。"人不仅有饮食、睡眠等自然需要，还有平等、公正、合作、共赢等社会需要，以及思想、理想、情感等精神需要。

## 三、反思法——冰山日记

关于一个人的"自我"，著名心理治疗师维琴尼亚·萨提亚（Virginia Satir）的冰山理论用了一个非常形象的比喻：一个人的"自我"就像一座悬浮在海洋中的冰山。行为表现或应对方式是暴露在水面上的一小部分，可以被人看到，而更大一部分的内在世界却藏在更深层次，长久以来被我们所忽视。揭开了这座冰山的奥秘，我们将会发现自己对生活的渴望、期望、观点和感受，从而了解真正的自我。

用冰山理论来判断和觉察自我的七个层次包括行为、应对姿态、感受、观点、期待、渴望和自我（图2-4）。

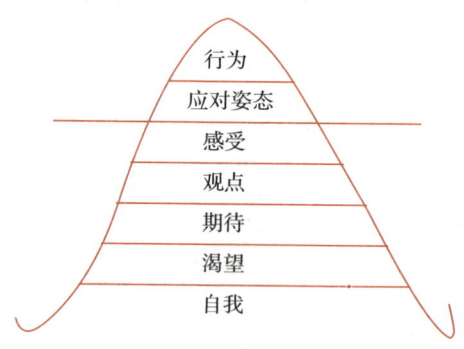

图2-4 判断和觉察自我的七个层次

运用冰山理论的一个重要工具是冰山日记。冰山日记分为两个部分，第一个部分是针对冰山七个层次的分析，第二个部分是欣赏/发现和新决定（表2-2）。

## 表2-2 冰山日记

（每周最少记录一次）

日期：　　　年　　　月　　　日（星期　）　　　天气：

| 事件 | |
|---|---|
| 行为 | |
| 应对姿态 | |
| 感受 | |
| 观点 | |
| 期待<br>你对自己<br>你对他人<br>别人对你 | |
| 渴望 | |
| 自我 | |
| 我对自己的<br>欣赏/发现 | |
| 我的新决定 | |

在表2-2所示的冰山日记中，"事件"即发生了什么事情，这个事情中冲击到你的片段是什么。"行为"即这个片段发生的时候，你做出了什么行为。"应对姿态"即你采用了哪种沟通姿态去应对。萨提亚家庭治疗模式中提到四种沟通姿态，分别是讨好、指责、打岔和超理智。"感受"即发生这个片段时你的感受是什么，如愤怒、委屈、害怕、喜悦等。"观点"即发生的这个片段背后，你的观点/想法/假设是什么。"期待"包括三个层面，即你对自己的期待、你对他人的期待和别人对你的期待。"渴望"即人类共有的渴望，如被爱、归属、安全、被认可等。"自我"即通过上述分析，你觉得自己是一个什么样的人。

"我对自己的欣赏/发现"是指当你探索了以上事件对你"内在冰山"的冲击后，你对自己有什么欣赏或新发现。"我的新决定"即有了以上欣赏和发现后，你是否想改变什么，比如采取新的行动、接纳你的感受、扩展/改变你的观点、调整你的期待、满足你的渴望、欣赏和运用你的资源等。

在做冰山日记练习的过程中,需要留意以下七点。

### 1. 练习的频次
每周最少做一次,每次可以选取这周对你冲击比较大的事件来进行练习。

### 2. 日期
填写的日期不是事件发生当天,而是你写下这个冰山日记的时间。另外,即使是同一个事件,在不同日期进行探索,分析的结果也可能是不一样的。

### 3. 应对姿态
这里需要注意的是,萨提亚家庭治疗模式尊重每个人,认为每个人都是独一无二的。为了避免标签化,不要使用"讨好型""指责型""打岔型""超理智型"这样的字眼。实际上,萨提亚家庭治疗模式发现每个人或多或少都有讨好、指责、打岔和超理智这四种应对的沟通姿态,只是每个人会有惯用的1~2种。这里需要填写的是当发生压力事件时,你不假思索地使用的那种沟通姿态。

### 4. 感受
感受可以有多种,每种感受背后对应至少一个观点。

### 5. 观点与期待
这两个部分是比较容易混淆的。观点指的是个人的想法、价值理念,而期待分为三个层面,即你期待自己怎么做、你期待别人怎么做以及别人期待你怎么做。

### 6. 自我
在练习初期,此部分会比较困难,可以尝试用一些形容词来表达,如"友善的""负责任的"等。

### 7. 我的新决定
这里需要留意,新决定不一定要写很多目标、很大的行动,它可能是你决定对你的观点做小小的调整,可能是你决定给自己买一个礼物,也可能是你决定尝试鼓起勇气去做一件事等,关键是你知道这是你愿意和可以做出的选择。

对于领导者而言,要想看到真实的自己,就要静下心来认真地面对和反思情绪的引发模式,通常情况下,发现自我的思维模式不是一件容易的事情。比如,大多数领导者都不愿意听到别人对自己的负面评价或反馈,在公司同事面前就很容易戴上"面具",一副刀枪不入的样子。正如古人所言,"小隐隐陵薮,大隐隐朝市",把自己与外界隔绝开来并不是最好的修炼方式。所以我们要不断地训练自己开放心灵、倾听一切关于自己的信息，在不断反思当中真正做到"自知"与"知人"。

## 四、价值观法

20世纪20年代，人们开始从社会心理学的角度来讨论价值观。比如，1926年，美国学者佩里（Perry）就对价值观进行了分类。1931年，美国心理学家戈登·奥尔波特（Gordon W. Allport）和英国心理学家弗农（P. E. Vernon）提出了"价值观研究量表"，为价值观量化、实证研究提供了可能。20世纪50年代，美国人类学家克莱德·克拉克洪（Clyde K. M. Kluckhohn）从外显和内隐两种表现、个体和群体两种特征出发，以"值得期待的"（the desirable）作为衡量标准，从操作层进一步整合价值观的定义：价值观是一种外在或内在的观念，与"值得期待的"观念相关，它是个人或群体的特征，影响人们对行为方式、手段和目的的选择。

改革开放以后，我国也出现了相似的研究，如黄希庭教授把价值观分为10种类型：政治的、道德的、审美的、宗教的、职业的、人际的、婚恋的、自我的、人生的和幸福的。杨中芳教授认为价值观体系包括：① 对人类及其与宇宙、自然、超自然等关系的设想，对社会及其成员之间关系的构想（简称世界观）；② 在特定文化所归属的特定社会中，为了维系该文化的存在而必须具有的价值观念（简称社会观）；③ 个人所必须具备的价值观念（简称个人观）。这套价值观体系给社会成员一个有意义的人生目标，保证社会系统的稳定与正常运转，并赋予社会成员一系列的行为规范。

那么，领导者如何识别自我价值观呢？领导者可以通过价值观量表识别自我价值观倾向。为了描绘出一个世界范围的价值观地形图（geography of values），谢洛姆·施瓦茨（Shalom H. Schwartz）等人发展出了"施瓦茨价值观量表"（Schwartz Values Survey，SVS）。

施瓦茨价值观量表囊括了10个普遍的价值观动机类型。

### 1. 权力

权力指社会地位与声望、对他人及资源的支配与统治，如社会权力、财富、权威等。

### 2. 成就

成就指根据社会的标准,通过真正的竞争而取得的个人成功,如成功的、有能力的、有影响力的等。

### 3. 享乐主义

享乐主义指个人的愉悦或感官上的满足,如愉快、享受生活等。

### 4. 刺激

刺激指令人感到兴奋、新奇、充满挑战的人生,如冒险、多变、激动人心的生活。

### 5. 自我定向

自我定向指独立思考、创造和探索,如创造性、好奇、自由、独立、选择自己的目标等。

### 6. 普遍性

普遍性指为了一切人与自然的福祉而理解、欣赏、忍耐、保护,如社会公正、心胸开阔、世界和平、与自然和谐一体、保护环境、公平等。

### 7. 慈善

慈善指为自己所认识的人提供福利,如帮助、宽恕、真诚的友谊等。

### 8. 传统

传统指尊重、赞成和接受文化或宗教的习俗和理念,如奉献、尊重传统、谦逊、节制等。

### 9. 遵从

遵从指对行为、喜好伤害他人或违反社会期待的倾向加以限制,如服从、自律、礼貌、给别人带来荣誉等。

### 10. 安全

安全指平安、和谐、社会安定、稳定的人际关系与自身的稳定,如国家安全、家庭安全、互惠互利等。

这10种不同的动机类型可以进一步划分为四个维度,即自我超越、保守、自我提高和对变化的开放性态度(图2-5),领导者可以据此检视自己的价值观念和风格。

项目二  觉察自我

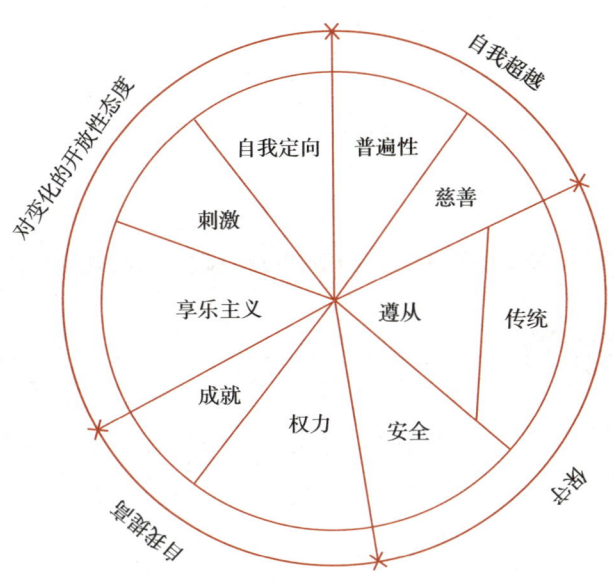

图 2-5  施瓦茨价值观量表 10 种动机类型之间的结构关系

## 拓展阅读 2-3

### 做明白人

当长官的,对于一些小话不听进去,就是真正的明白人。

但做明白人很难,尤其做主管,容易受人的蒙蔽,要让"浸润之谮,肤受之愬"在你面前行不通,你才是明白人,这是孔子对于"明白人"的定义。做到这一步,才会远离谗言诽谤。

### 自知知人

至于老子所讲的"明白人"又进一步了。

老子说:"知人者智,自知者明。"能够知人,能够了解任何一个人的人,才是有大智慧的人;能够认识自己的人,才是明白人。

人都不大了解自己,对别人反而了解得清楚。因此在老子的观念中,"明白人"并不多。

> 隋炀不幸为天子，安石可怜作相公。
> 若使二人穷到老，一为名士一文雄。
>
> 这首诗道出识人难，识己更难。

## 拓展阅读 2-4

### 用之则行，舍之则藏

#### （一）

郭子仪，是道道地地经过考试录取的武举异等出身，历任军职，到了唐玄宗（李隆基）天宝十四年（755年），安禄山造反，才开始诏命他为卫尉卿、灵武郡太守，充朔方节度使，屡有战功。当唐玄宗仓皇入蜀，皇太子李亨在灵武即位，后来称号唐肃宗，拜郭子仪为兵部尚书、同中书门下平章事，统领全国各大军镇。转战两年之后，郭子仪从帝子出任元帅的广平王李豫，统率番汉兵将十五万，收复长安。肃宗曾亲自劳军灞上，并且对他说："国家再造，卿力也。"但在战乱还未平靖，到处尚需用兵敉平的时候，又怕郭子仪、李光弼等功劳太大，难以驾驭，便不立元帅，而派出宦官鱼朝恩为观军容宣慰使来监军。

鱼朝恩代表了朝廷和皇帝，对郭子仪处处加以阻挠，动辄掣肘，致使王师虽众而无统率。在战场上，各个将领就互相观望，进退失据。唐肃宗不得已，又诏郭子仪为东京畿、山南东道、河南等道行营元帅，鱼朝恩因此更加忌妒，密告郭子仪许多不是，因此又诏郭子仪交卸兵权，回归京师。郭子仪接到命令，不顾将士的反对，瞒过部下，独自溜走，奉命回京闲居，一点也没有表示怨尤。

接着，史思明再陷河洛，西戎又逼据首都，朝廷经过公议，认为郭子仪有功于国家，现在正当大乱未靖，不应该让他闲居散地。肃宗才有所感悟，诏他为诸道兵马都统，后来又赐爵为汾阳王。可是这时候的唐肃宗已病入膏肓，一般臣子都无法见到。郭子仪便再三请求说："老臣受命，将死于外，不见陛下，目不瞑。"因此才得引见于内寝，此时肃宗亲自对郭子仪说：河东的事，完全委托你了！

　　肃宗病逝后，当时和郭子仪并肩作战、收复两京的广平王李豫继位，后来称号为唐代宗。代宗因亲信程元振的谗言，暗忌宿将功大难制，罢免了郭子仪的一切兵权职务，只任命他为监督修造肃宗陵寝的山陵使而已。郭子仪一面尽力修筑好肃宗的陵寝，一面把肃宗赐给他的千余篇诏书敕命（包括机密不可外泄的文件）统统都缴还上去，才使代宗有所感悟，心生惭愧，自诏说："朕不德，诒大臣忧，朕甚自愧，自今公毋疑。"

　　广德元年（763年），梁崇义窃据襄州，叛将仆固怀恩屯汾州，暗中约召回纥、吐蕃寇河西，残泾州，犯奉天、武功。代宗也同他的祖父唐玄宗一样，离京避难到陕州。不得已，又匆匆忙忙拜郭子仪为关内副元帅，坐镇咸阳。这个时候，郭子仪因罢官回京，平常所带的将士，都已离散，身边只有数十名骑兵。他一接到诏命，只好临时凑合出发，借民兵来补充队伍，一路南下，收集逃兵败将，加以整编，到了武关，又收编驻关防的部队，凑了几千人。后来总算碰到旧日部将张知节来迎接他，才在洛南大阅兵，屯驻商州。因此，又是军威大震，使得吐蕃夜溃遁去，再次收复两京。

　　郭子仪立身处世，真正做到"用之则行，舍之则藏"，不怨天，不尤人。他带兵素来以宽厚著称，对人也很忠恕。在战场上，沉着而有谋略，而且很勇敢。朝廷需要他时，一接到命令，不顾一切，马上行动。等到上面怀疑他，要罢免他时，也是不顾一切，马上就回家吃老米饭。郭子仪这样作为，处处合于老子"冲而用之或不盈"的大经大法，无怪其生前享有令名，死后成为历史上"富贵寿考"四字俱全的极少数名臣之一。

（二）

　　"子谓颜渊曰：'用之则行，舍之则藏，唯我与尔有是夫！'"

孔子有一天对颜回说，如果时代、国家用得到我，就出来为国家、天下做事；如果时代、国家不需要我，就退隐，自己藏起来。譬如苏东坡的诗说："万人如海一身藏"。孔子还说，这样的情形，只有我和你颜回两人可以做到。因为颜回在孔门是道德修养最好的学生，至于其他弟子，相形之下就逊色多了。

# 项目三

# 管理自我

很多人都认为,先天因素对领导力的造就至关重要。某些领导力特质是与生俱来的,比如充满正能量的态度和激励他人的能力,有的人似乎生来就有很高的自我觉察能力。经验表明,自我觉察与自我管理是息息相关的。我们也可以这样认为,领导者有效的自我管理是建立在高度的自我觉察基础之上的。

能做好自我管理的领导者在工作中会让人觉得是一个可靠的人,他能够为他人创造一个信任和公平的环境。在这种环境下,内斗会大幅减少,生产力则会提高,团队的凝聚力也会更强。领导者的自我管理对整个公司而言是具有辐射效应的。常言道"上行下效",讲的就是领导者的行为对下属的影响之大。如果领导者较少出现坏情绪,整个公司就不会出现剧烈的情绪震荡。

### 知识目标

1. 描述冲动和感情用事的缺点;
2. 总结领导者眼中的自我价值观念;
3. 认识领导力的自觉和道德特质。

### 能力目标

1. 能够管理自我情绪,特别是控制强烈的情绪;
2. 正确认识自我价值,理解工作的意义;
3. 通过自觉意识和道德来培养领导力。

# 任务一　管理自我情感

**任务要求**

你认为自己是一个易喜易怒的人吗？你更倾向于感情用事还是理性处事？

认识自律对于领导者的重要性，学习管理自我情感的技巧并分享心得体会。

## 必备知识

如前面的章节所提到的，情绪是一种生理反应。我们通常很难在短时间内消除情绪，却可以用很多方法管理情绪。自律就像是一场不断进行的内在对话，是情感、智力的组成部分，可以将我们从感觉的牢狱中释放出来。进行这种内在对话的人也会像其他人一样偶尔心情不好，有情绪上的冲动，但是他们会找到方法控制情绪，用有效的方式疏导情绪。一名有自律天赋的领导者会谨慎地选择要说的话，不会匆促下任何评断。

### 一、自律对于领导者的重要性

自律对于领导者的重要性在于它对正直的促进。正直不只是个人的美德，也是一个组织的优势。很多企业的不合理决策都是冲动行为的后果。情绪自律包含了自我觉察和基于道德的自我管理，是一种个人内省及深思熟虑的倾向。

事实上，长期的自律行为可以有效地提升领导力。能够驾驭情绪的领导者有时会被认为像是冰库里的鱼：他们冷静的表情和回应容易被误认为是缺乏热情；而具有热情性格的人通常会被视为魅力型领导者：他们爆发的冲动被视为领导特质和力量的标志。然而，领导者如果想晋升到顶层，他们的冲动通常会成为阻力。因为无论是正面情绪还是负面情绪的极端显现，都不是优质领导的特质展现。今天的商界充满了不确定性和变革，公司的合并和解散司空见惯，科技以令人眩晕的速度改变工作形态，能够掌控自己情绪的人比较能够适应这些变化，有时候他们甚至可以领导公司的发展方向。

有一项特质是几乎所有高绩效领导者都具备的，那就是积极：它涵盖了多元的自我管理，能激发积极的情绪来驱动自己朝工作目标迈进。积极的领导者有动力达成出乎自己和他人预期的结果。这里需要指出的是，很多领导者依靠外界的因素激励自己，如经济上的回报或是工作岗位上的地位和头衔。而还有一部分领导者是用内在的成就动机来激发自我的积极情绪，这样的领导者往往是更具领导潜力的人。

我们如何区别领导者是受成就动机驱动还是受外在回报驱动呢？受成就动机驱动的领导者会在工作中寻找有创意的挑战，他们面对工作会展现出不竭的能量，会尽其所能把工作完成得更好。受成就动机驱动的领导者的情绪能量场是很强的，因为他的情绪不容易被工作中的得失所影响，内在成就动机和自我价值的实现是他衡量自我的标尺。因此，获得内在能量的驱动是领导者实现有效自我管理的重要方法之一。

## 二、运用自我情感管理的方法

自我情感管理指的是当意识到自己出现负面情绪的时候有效管理自我情感的技巧。管理学大师彼得·德鲁克曾经说过，作为一名领导者，首先要对自己的能量负责，然后再帮助协调周围人们的能量。彼得·德鲁克说的就是自我的情绪能量。领导者如果能在工作中有效地运用自我情感管理的方法，将会使自己的工作达到事半功倍的效果。

在学习"领导力开发"这门课程之前，我们管理自我情绪的方法有可能是随机、任意的，或者是习惯性的。有时不但没有很好地管理情绪，反而让情绪更加混乱。每个人在管理自己情绪的过程中使用的方法或采取的行动都不一样。在领导者自我成长和修炼的过程中，其身体状态及情绪模式状态也在不断变化。而管理自我情感最好的方法就是在日常工作和生活中不断地提高自我觉察的能力。情绪是一种生理反应，虽然我们无法识别身体所表达出来的所有情绪模式，但是我们可以通过不断地觉察，深入挖掘和了解自我情绪，在实践中摸索出一套适合自己的自我情感管理的方法。在本课程中，我们通常建议运用环境法、运动法、交流法和静思法四种策略来改变自我情绪状态（图3-1）。这些方法如果使用得当，就能帮助我们有效地管理情绪。

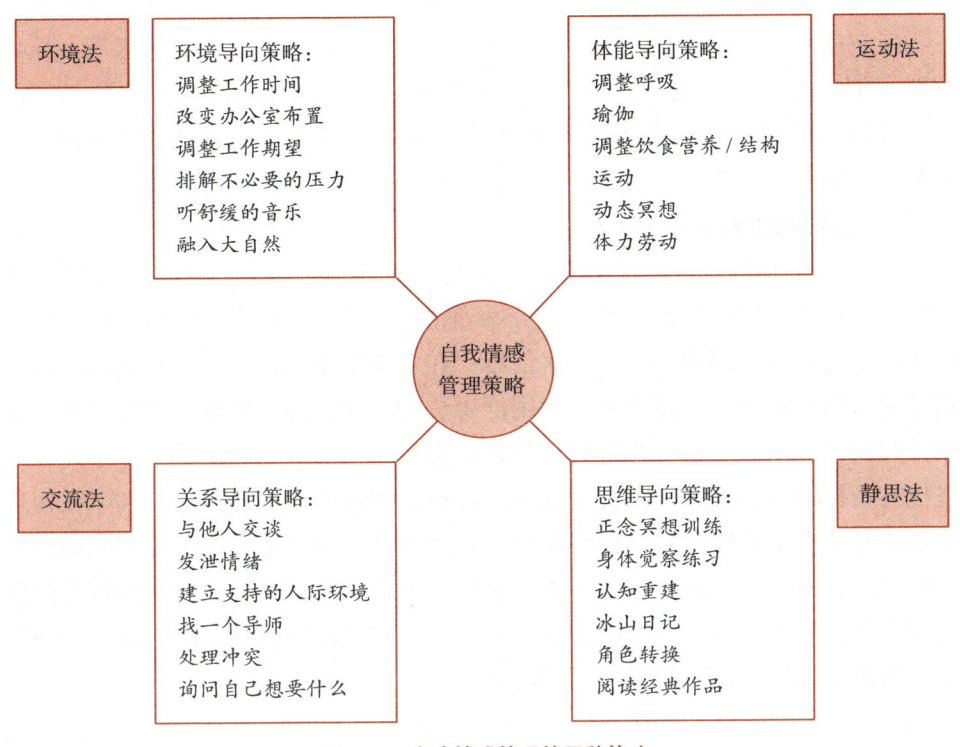

图3-1 自我情感管理的四种策略

### 1. 环境导向策略——环境法

在日常工作和生活中，我们只需要对自己留心观察，便不难发现，我们的情绪会或多或少地受到环境的影响。当自己情绪消极、负面时，我们可以转换环境，既可以是自然环境，也可以是人文环境，比如可以调整工作时间、改变办公室布置、在大自然中呼吸新鲜空气等。环境的转换在一定程度上取决于自我觉察以及经验判断，我们主要考虑的是能让自己安静和安处的环境。

### 2. 体能导向策略——运动法

我们可以用运动的方式改变情绪状态。运动能最直接、最有效地改变生理状态，比如出去跑一圈、深呼吸、做瑜伽、打球、做伸展运动、跑马拉松、游泳、快走等。美国哈佛医学院曾经将中国太极拳中的螺旋缠丝劲类比为运动中的动态冥想（moving meditation），有规律地练习可以有效提升人的情绪能量状态。

### 3. 关系导向策略——交流法

当领导者面对无法处理的情绪时，把情绪说出来也是管理自我情感的重要方法之一，所以身边有值得信任的好朋友或者良师是非常幸运的。有的领导者习惯在社交平台上交流心得，但需要注意的是，这种方法容易被滥用，比如发泄完消极负面的情绪后，他人也因受到了负面影响而解决不了你的情绪问题，这样做有可能破坏你与朋友之间的关系。有时领导者也会找同事倾诉，但这种情绪的发泄可能会变成对其不利的因素。

### 4. 思维导向策略——静思法

很多人在强烈的负面情绪下是无法坐下来安静思考的，他们的习惯性思维模式是将能量发泄出去，跑步健身累到精疲力竭才可以进入静思。但也有少数领导者可以立刻用静思法来缓解情绪，在负面情绪下快速调整自我到安静模式。如果想要在日常工作中养成使用静思法的习惯，那么建议领导者在平时要安排好规律的正念练习。练习时间最好安排在每天早上刚起床的半个小时，在最佳的精神状态下调整呼吸，进入冥想状态，闭目养神。这样更有利于在使用静思法时让大脑形成意象，重建认知，转换角色。也可以在这个过程中把整个事件的经过写下来，分析自我在整个事件当中的真实需要，从而找到解决问题的方法等。静思法可以产生比较长久的效果。它可以调整我们的心智，让我们对事物重新认知，从而产生不同的情绪。

---

**拓展阅读 3-1**

#### 环境塑造个性

战国时期的纵横家苏秦曾说，假如我当年手里有靠洛阳城郊的好水田二百亩，那我宁可在家里享受田园之乐，做一个小小的富家翁，享享福，谁又愿意出去奔走四方呢！

不过，苏秦真要有那种好的家庭环境，那么，他后来哪里可能一身掌有六国的辅相大印呢？人生的祸福相依相存。我们如果从道德果报的观点来看，便有后世所说的"祸福无门，唯人自召"。如果只从哲学的观点来看，便符合"塞翁失马，焉知非福；塞翁得马，焉知非祸"的至理名言。

然而，我们在现实生活中，必须在逆境中磨砺出独立不倚的澡雪精神和性格，才能安身于"位高金多"的俗世之中，并成就一番作为。

# 任务二　提升自我管理能力

**任务要求**

探讨自觉意识和道德的意义，你认为如何才能成为一个有自觉意识和道德的领导者？

 **必备知识**

### 一、运用自觉意识来培养领导力

自我管理的前提和基础是自觉意识（self-awareness），即用深入思考的方式处理对自己的反馈意见从而提高自我效能。领导者如果想要深入了解他人，必须先要深入了解自己；如果想领导别人，首先就需要反思你能在多大程度上管理好自己。很多企业做出错误的决策都与领导者缺乏自觉意识有关系。比如，某个管理层的领导者注意到在几个月的时间内有三个重要的公司技术核心成员离开了公司。如果将技术部门员工所领取的工资与同行进行比较，领导者也许分析出的原因是"公司没能提供优厚的薪水来留住这些员工"。然而在自觉意识的引导下，领导者则会深挖公司技术部门员工离职的深层次原因，如"技术部门内部是否存在管理疏漏"。领导者也可以通过查看离职面谈资料以提升对自己领导方法的认知。

当领导者发现问题的核心所在就是其自身思维的局限时，突破防御性思考的简单学习就发生了，这是真正深入学习的重中之重。如果领导者能够在突破防御性思考的基础之上形成深入学习，通过反馈意见来质疑目标的正确性，发现当时情况下隐含的值得高度关注的状况，就能够真正抓住问题的关键所在。事实上，认识自身认知的盲区并不是一件容易的事情，正所谓"格物致知"，穷究事物原理，方可获得知识。

## 二、培养道德领导行为

道德问题会同时毁了领导者和整个组织的信誉。让人觉得值得信任对一个领导者来说是非常重要的，而道德型的领导者是诚实并且值得信赖的，因而也是正直的。正直是指忠于合理的原则，它意味着遵循自己所倡导的方式来行动，不为情绪或社会压力所左右。正直的领导者会认为员工应该被公平地对待，削减成本的压力不会使他在与员工达成的有关补偿、工作变动的承诺上食言。

### 1. 关注所有利益相关者

道德型的领导者会尽力公平地对待那些受自己决策影响的各方利益相关者，避免在决策下达之后造成某一方受损。比如，只想让股东财富最大化的领导者会尝试通过以下手段来削减成本和增加利润：解雇员工来降低工资成本，强调利润来打动投资者，对顾客要价过高，减少员工的养老金和健康福利。尽管这些举措都是规范的，但是会损害员工、顾客等的利益。另一种可靠的领导者（服务型的领导者）认为自己对所有的股东都负有道德责任，其他人的福利优先于自己的福利。可靠的领导者对他们个人的成长以及其他利益相关者的成长都有高度的使命感。

### 2. 建立共同体

考虑所有利益相关者的需要所带来的一个结果是，领导者会帮助团队成员达成共同的目标。领导者需要考虑自己和追随者的意图，并且找到所有人的一致目标。当很多人朝着相同的建设性目标一起工作时，他们就成为了一个共同体。

### 3. 尊重个人

尊重个人是道德型领导者的原则之一，它与道德的其他方面并行不悖。如果你讲真话，你就对别人的诚实保持了足够的尊重；如果你遵守诺言，你就表现出了对别人信誉的尊重；如果你公正地对待他人，你也是在表示尊重。对个人表现出尊重还意味着你意识到每个人都有其内在价值，应该受到礼貌与善意的对待。

**拓展阅读 3-2**

**见过能自省者，几乎没有！**

"子曰：'已矣乎！吾未见能见其过，而内自讼者也。'"

孔子说："算了吧！我从来没有看到过一个人，能知道自己的过错，并且在内心进行自我审判。"怎样进行自我审判呢？就是在自己内心打天理与人欲之争的官司，就是如何善用理智平衡冲动的情感。自己当好原告、被告、审判员，才会克服一切欲望，只有这样随时反省、检讨、责备自己，才会成为一个品德高尚又有学问的人。这是做学问的基本，也是儒家情操的中心。

## 任务三　控制强烈的情绪

**任务要求**

你是否曾为强烈的情绪所"绑架"？平复心情需要耗费你多长时间？

回忆遇到重大冲突和谈判时你的表现。

### 必备知识

在自我管理方面有一项比较特殊的能力叫作控制强烈的情绪。这个技能是对于在某些特定的情形下容易产生强烈情绪的领导者而言的。当领导者在工作中出现恐惧、悲伤、焦虑、担忧等强烈的情绪时，轻则将情绪扩散和传播给公司的员工，重则在工作中无法聚精会神，导致误判而做出错误的决策。自我情感控制能力强的人可以做到在工作中觉察和正视自我产生的情绪，保持清醒和冷静，而不为其所"绑架"。

### 一、寻找情绪触发点

强烈情绪来得非常突然且迅速，就像是某个扳机被扣动，一股强烈的情绪能量喷涌出来，导致我们无法正常思维，无法专注、专心，有时甚至会感觉被情绪"绑架"，出现头痛欲裂、思维混乱、胸闷等情况。当我们产生强烈情绪时，重要的大脑机能会停止工作，体内的化学激素会迫使我们做出一些应激决策，就连我们的思考方式也会变得非常狭隘。

大脑中的杏仁核是苦恼、愤怒、冲动、恐惧等负面情绪的触发器，一旦杏仁核发现威胁，它可以瞬间控制大脑的其他区域，尤其是前额皮层。这种现象被称为"杏仁核劫持"，杏仁核通过这种方式促使我们留意当前的威胁。假如你在工作时出现"杏仁核劫持"反应，那么你就无法集中精力完成工作，只会想着困扰自己的事情，记忆也会出现混乱，导致随时想起与威胁有关的东西，无法顾及其他事情。

当情绪失控时，负责警报的神经回路触发"战斗—逃跑—静止"反应，体内分泌应激荷尔蒙，会引发一系列消极后果，比如身体免疫反应的有效性降低。与之相反的状态是身心放松的时候产生的副交感神经唤起。从生物学和神经学角度分析，这属于恢复和复原的状态，与左前额区唤起相关联。

应对快速产生的强烈情绪应了解产生强烈情绪的原因。我们核心价值观和信念得不到满足所产生的紧张、我们经历事件时思维的死板模式或者黑白模式等，这些潜意识冰山最底层的思维模式会让我们在一些场景中产生强烈的情绪。寻找导致强烈情绪产生的"扳机"（trigger），思考哪些事情我一遇到、哪些话我一听到就会产生强烈情绪，有意识地重复体验"扳机"会降低"扳机"的触发速度，延长自己的"导火索"，从而留出理智判断的时间。

## 二、两种呼吸练习法帮助控制强烈的情绪

当我们遇到强烈的情绪时，首先要学会延迟判断与决策，而最有效的方法莫过于改变一下所处的空间和环境，将注意力转移到自己的呼吸上来。这个方法足以让我们避免被情绪"绑架"或控制而造成无法挽回的后果。而想要长期改变这种状态，就需要平时加强规律性的呼吸练习，以及认知自己的情感默认模式，由规律呼吸练习来转变我们的生理状态，一步步从情绪的"俘虏"中走出来。

曾经有一项以中国大学生为对象，评估被试调节情绪、心情和态度的能力的研究。研究者会提供一套身心整合的静坐课程，教学生如何在悠闲放松和警觉清醒之间取得平衡，并在静坐课程的前后以问卷形式评估学生自行调节情绪的能力，心境的波动和状态则以情绪评定量表的得分来评估。结果发现，一方面，学生的负面情绪在静坐前后有很大的不同，"愤怒敌意、抑郁沮丧、衰弱无力、紧张焦虑"等情绪在静坐后明显减少，但"困惑"则没有显著差异；另一方面，"生机、活力"等正面情绪在静坐训练之后则增加了。这意味着，

静坐训练可以提升正面情绪，同时显著减少负面或具破坏性的情绪。以下我们提供两种呼吸练习法供平时练习。

第一种是横膈膜呼吸法。艾伦·海姆斯博士（Dr. Alan Hymes）在《呼吸科学》(Science of Breath)中提到，不光情绪起伏会引发呼吸韵律的变化，"呼吸模式的变化也可以改变情绪及生理状态"。因此，呼吸可说是最容易切入副交感神经系统、解决身体和心理障碍的方法。唯有正确的呼吸才能让心脏和肺有效率地交换气体，并能对生理和情绪健康发挥正面的影响。但是我们大多数人呼吸时只动用到胸部，而未用上横膈膜。"胸式呼吸"时，只有胸壁的扩张和收缩，在胀缩的肺部中间位置，气体交换的生理效率并不理想，因为肺的这一部分和血液的接触面积较小，无法促进氧分子进入人体。研究也指出，焦虑和这种频繁的浅快胸式呼吸有关。有一种常见的"奇异式呼吸"则是在胸部扩张的同时，腹部却收缩了，这样一来，通过呼吸将氧气带入身体的能力就更弱了。这种呼吸往往是压力或受惊之下的产物，身体逐渐习惯这一呼吸模式之后，就不再主动去调整了。胸腹同时扩张、收缩的"横膈膜呼吸"虽然效率最高，却需要有意识地主动调控。在肺的下半部有较好的血液循环，呼吸时通过胸腔下方的扩张可以获得较佳的气体交换。事实上，这种深层的呼吸模式是婴儿阶段最自然的呼吸模式，但随着年龄增长，我们的交感神经常处于兴奋状态，反而逐渐习惯了奇异式胸部呼吸。我们整日活在典型的"打或逃"反应之下，必须有意识地重新学习横膈膜呼吸，以正确的呼吸技巧吸入更多的氧气，提升气体交换的效率，将自己带入更加放松而稳定的状态，以稳定而深入的呼吸引导情绪，让身心和谐一致。

第二种是鼻孔交替呼吸法。练习时，以舒适的姿势盘坐着，将左手自然地放在左膝上，举起右手，放在面前，以右手拇指按住右鼻孔，气息由左鼻孔先呼出、再吸入。吸满气后，以无名指按住左鼻孔，同时放开拇指，以右鼻孔呼气。习惯之后，可以在吸饱气、以无名指按住左鼻孔时，先不松开右鼻孔，而是保持闭气，再默数几下。在闭气的难受感出现之前，松开右手拇指，让气息由右侧鼻孔呼出。再用右鼻孔吸饱气，以大拇指压住右鼻孔，松开无名指让左鼻孔吐气，然后重复以上步骤。熟练之后，可以用吸气、闭气、吐气时间 1∶4∶2 的比例来练习，若要增长时间，就按照这个比例来增加。这一呼吸法能对身体产生立竿见影的效果，关闭交感神经系统而活化副交感神经系统，让体内充满新鲜的氧气。这一呼吸法除了能缓解过度思考、帮助放松、平复情绪、改善睡眠质量之外，还能活化大脑并净化身体。

## 三、从默认模式到换位模式

情感如何引导行为是有逻辑模式的,每个人都有自己的默认模式。我们必须了解自己的默认模式,并学会调整我们的默认模式。如果我们不了解自己的默认模式,我们就是情绪的"俘虏",就可能因此失败。

人们的内心总会有一些默认模式,外部事件非常容易影响默认模式,而情绪就是这些默认模式的窗口,表3-1描述的就是这些情感默认模式。

表 3-1 情感默认模式

| 情感默认 | 在工作中的常见表现 |
| --- | --- |
| "攻击者" | 变得挑剔;攻击他人;在强烈情绪状态下大声咆哮 |
| "受害者" | 被强烈情绪消耗;认为强烈情绪永远不会结束;对强烈情绪过分看重、夸大,而且喋喋不休 |
| "逃避者" | 脱离情境;否认或避免某种情境或人际互动;面对自己认为困难的情境或人际互动时选择性关闭情感 |
| "英雄" | 拒绝向他人寻求帮助;放不下;认为自己比他人优越,特别是不了解他人感受的时候 |
| "狙击手" | 用暗讽的语言激起他人的情绪;用相对直接的语言戏谑挑逗;言语或行为上攻击他人 |
| "判断者" | 非常果断和自信,甚至不带有一丝怀疑;只认为自己是最正确的,别人的观点没有自己正确 |
| "破坏者" | 每件事情都能找出错误,却又很少提供有用的解决方案;阻碍他人有与自己相同的感受;传闲话 |
| "盲目乐观者" | 不现实的乐观;展现出很强的乐观偏向;不愿意看到事情不好的地方;不愿意正视情感问题 |
| "算命者" | 直接给出非支持性的结论;预测结果时不考虑事实依据;对他人的观点盲目接受而不经过求证;灾难论者 |
| "超级同意者" | 总是表现得很讲道理、很诚实,但其实并非如此;向他人表示自己同意,却在最后一分钟改变想法 |
| "孩子气者" | 打小报告;拒绝负责任;推迟决策;冲动 |
| "郁闷者" | 情绪消极;超级悲观论;放大问题;缩小自己和他人的作用;绝望的代言人 |

默认模式是可以转变的，如果我们尝试反观自我，在遇到事情的时候有意识地转变默认模式，那么情绪状态也会改变。情感默认模式的换位改变见表 3-2。

表 3-2　情感默认模式的换位改变

| 情感默认 | 情感换位 | 情感换位后在工作中的表现 |
| --- | --- | --- |
| "攻击者" | "导师" | 与他人协同工作；愿意呼应他人的情绪 |
| "受害者" | "策略家" | 认同个人力量；将情绪与结果联系起来；注意维护人际关系 |
| "逃避者" | "衔接者" | 将情境与情绪联系起来；有主人翁精神，愿意寻找双赢的解决方案 |
| "英雄" | "协作者" | 寻求帮助；认同自己的独立是建立在他人支持的基础上；分享成功 |
| "狙击手" | "支持者" | 成为他人的代言人；寻求他人的理解；公平看待每个人的情绪或感受 |
| "判断者" | "接受者" | 展示好奇、开放的心态；兼容他人的看法、理解 |
| "破坏者" | "问题解决者" | 为他人的情绪或者事件寻找解决办法，在情绪展示上以身作则 |
| "盲目乐观者" | "实用主义者" | 运用情感洞察能力；考虑各种角度；衡量解决方式 |
| "算命者" | "命运探索者" | 寻找支持性的事实；为自己的事情寻求他人的解决方案 |
| "超级同意者" | "可依赖者" | 向他人展示真诚的情感；值得信赖；言行一致 |
| "孩子气者" | "成人" | 积极主动与他人沟通，赢得他人的情感支持 |
| "郁闷者" | "和谐者" | 富有同理心；找到积极情绪，探索情绪阴影，情绪稳定 |

## 拓展阅读 3-3

**得意忘形，失意也会忘形！**

"子贡曰：'贫而无谄，富而无骄，何如？'子曰：'可也，未若贫而乐，富而好礼者也。'"

我们常听说"得意忘形"，但是，还要再加上一句话——"失意忘形"。有些人本来挺好的，当他发财、得意时，事情都处理得很得当，见人也彬彬有礼；但是他一旦失意之后，任何人也不愿见，十分自卑，种种的烦恼都来了，原来的性格完全变了。

孟子讲："富贵不能淫，贫贱不能移，威武不能屈。"一个人做学问，只要做到"贫贱不能移"一句话——能够受得了寂寞，受得了平淡，所谓"唯大英雄能本色"，得意也是那个样子，失意也是那个样子，没有衣服穿、饿肚子仍是那个样子，这是最高修养境界，达到这步太难了。

人能做到"贫而无谄，富而无骄"的确不容易，很难得。可是孔子并没有给子贡满分，只是"可也"而已。下面还有一个"但是"，但是什么？"未若贫而乐，富而好礼者也。"有的人做到失意了不向人低头，不拍马屁，却认为自己就是那么大，看不起人。同样的道理，有的人富而不骄，待人以礼，因为他觉得自己有钱有地位，非得以这种态度待人不可，这也不对，仍旧是有优越感的表现。

所以要做到真正的平凡，在任何位置上，在任何环境中，都是那么平实，那么平凡，才是对的。

孔子认为要安贫乐道，安贫就非常难，孔子还说过"君子，素富贵，行乎富贵；素贫贱，行乎贫贱"的话。一个人是应该清高的，但有的人是苟求清高，或者为了标榜自己清高，因此只好忍痛牺牲。那就大可不必，这就不平凡，不平凡不是真涵养的精神。因此孔子告诉子贡，要安贫乐道，要平实，他说仅是做到不骄傲不算好，还要进一步做到好礼，尊重别人和爱人。

# 项目四

# 开发倾听能力

**领导力开发** ——培养你的领导潜能

倾听往往是领导者与员工沟通的开始,在沟通的过程中,员工通过说话来表达自我,而领导者则通过倾听来接收对方的信息。可惜的是,大多数人认为沟通是从"说",也就是表达自我开始的,很少有人会认为倾听才是沟通的关键。倾听是一项重要的能力,对于领导者而言,倾听也是用人和识人的重要手段。我们处在信息急速发展的时代,倾听更是不可或缺的法宝。松下幸之助把自己的全部经营秘诀归结为一句话:"首先细心倾听他人的意见。"李·艾柯卡(Lee Iacocca)说得更为动情:"作为一名管理者,使我最满足的莫过于看到某个企业内被公认为一般或平庸的人,因为管理者倾听了他遇到的问题而使他发挥了应有的作用。"他说得很直接:"假如你要发动人们为你工作,你就一定要好好听别人讲话。"

倾听需要智慧和判断能力,静心倾听能够帮助倾听者理解对方心中真正的需求或看法。好的倾听者用耳听内容,更用心"听"情感,正确的倾听态度是达到最佳倾听效果的前提。而在倾听过程中摆正自己的心态是需要我们在实践过程中不断去磨炼和练习的。在后面的章节中,我们会谈到领导者的正念练习,事实上,正念的态度正是一位好的倾听者需要慢慢去体悟和学习的重要方面。学会运用同理心去倾听,能让倾听者更好地明白对方的真实意图,识别出对方那些可能并不会说出口的潜在需求;同时,只有当对方体会到他的表达得到了真正的情感共鸣,我们给他的回应才能被更友好地接纳。总的来说,倾听是一个视觉、听觉并用的过程,是思想、情感、信息融汇的过程。

> **知识目标**
>
> 1. 理解倾听的重要性;
> 2. 学习倾听的技巧;
> 3. 了解不同性格人群的讲话特点。

项目四　开发倾听能力

**能力目标**

1. 树立先听后说的意识；
2. 能够听懂言语背后的意思；
3. 能够与各类型的人有效沟通。

# 任务一　树立先听后说的意识

**任务要求**

在与人沟通的过程中,你是耐心地等待他人讲话完毕还是对不赞成的地方立马反驳?

回忆你倾听他人说话的过程,你是否能识别对方的需要?

 **必备知识**

倾听是沟通过程中一个重要的环节。会说话的人懂得在别人说话时给予最大的认同,而最有效的方法就是倾听。最会说话的人也是最会倾听的人。当我们能设身处地去倾听别人说话时,自然可以给对方提供心理上的极大满足与关怀。善于倾听是有效沟通的重要前提和基础。

然而,成为一名好的倾听者并不是那么容易的事情。萧伯纳曾经说过一句话:"沟通最大的问题在于,人们想当然地认为已经沟通了。"相信很多有过领导经验的人都会对这句话深表赞同。很多时候,我们自己"说"了,就默认已经和对方沟通了。至于对方是否听了、听懂了没有,甚至对方的回应是怎样的,我们并不关心。倾听是沟通的起点。如果你无法听懂对方表达的意思,甚至听不全对方提供的信息,就不可能展开真正有效的沟通。因此,我们应该从最基础的倾听开始掌握沟通的方法。

## 一、结构化倾听

结构化倾听是指在接收到对方传达的信息以后，要习惯性地在头脑里面画三个框，分别放沟通对象的三件东西：情绪、事实和期待。

### 1. 第一个框：情绪

情绪是内心感受与人体生理反应的综合表现。高兴、悲伤、恐惧、焦虑、愤怒等都是描述情绪的词汇。我们很容易发现，对方在说话的时候通常不会直接表示"我很生气"或"我很满足"，而是把情绪隐藏在话语里面。这就需要倾听者把对方语言里隐藏的情绪识别出来，辨别对方传达的信息中隐含的事实和情绪。对于领导者而言，能够在倾听对方言语的过程中区分事实和情绪并不是一件容易的事情。这需要领导者具有一定的智慧和经验，并在实际工作中慢慢修炼洞察力。需要指出的是，诉说者在表达过程中的情绪也会受到倾听者的影响。

### 2. 第二个框：事实

事实是不受个人主观判断影响的可考证、可追溯的内容。判断诉说者所表达的语言中哪些才是事实是最考验领导力的一件事情，这需要依靠领导者调用自己的经验和对事件本身的了解。我们可以借用新闻记者核查事实的方法，在对方的描述中考证以下四个要素：who（人物）、when（时间）、where（地点）、what（事件）。如果能用这四个要素还原实际场景，那么对方所言大概率是事实。诉说者诉说时的情绪也是领导者需要考量和辨别的方面，如果诉说者在诉说某件事情时带有强烈的情绪，领导者还需要与其他当事人进一步确认事实。需要指出的是，每个人都会有一定的主观态度和情绪偏向，要做到绝对客观是有一定难度的。

### 3. 第三个框：期待

领导者在倾听过程中准确找出对方的期待是倾听的核心与要点，我们需要结合情绪与事实来判断对方的期待。我们倾听的对象不一定会把他的期待准确地用语言描述出来，而是需要我们去发掘和考量。这就需要领导者有良好的倾听能力和判断能力。如果诉说者是公司的员工，那么员工对领导者的期待也包含在情绪当中，员工的性格及特点也会成为领导者判断对方期待的重要依据。

## 二、响应情绪

大部分时候，只要我们梳理清楚情绪和事实，就可以判断对方的期待。

但有些情况下，对方只说了一两句话，传达的信息非常有限，很难分辨出他内心真实的意图。这时我们就要利用反向叙述去挖掘更多的信息。所谓反向叙述，就是按照自己理解的逻辑重新描述一遍前面结构化倾听获得的信息，请对方做个确认。

### 1. 如何回应情绪

对于领导者而言，响应情绪的关键是要先调整好自身的情绪状态。以自身的情绪来影响被领导者的情绪，这一过程往往是在沟通中不知不觉完成的。因此，领导者平时应注重自身的修养和自我觉察，提升自身的情绪能量场。儒家经典《大学》云："所谓修身在正其心者，身有所忿懥，则不得其正；有所恐惧，则不得其正；有所好乐，则不得其正；有所忧患，则不得其正。心不在焉，视而不见，听而不闻，食而不知其味。此谓修身在正其心。"我们在沟通中之所以会不清楚对方的期待，很多时候是因为情绪的阻隔，也就是没有端正己心。对方的情绪会影响他的思考和表达，进而提升我们倾听的难度，因此，我们应该预先排除干扰信息，提前调整自身的情绪，把心摆正，以一个较好的状态来与他人沟通，与他人共情并恰当回应。

帮助倾诉者从情绪中剥离出来是一个非常重要的步骤。情绪背后涉及的往往是对方的价值观和思维方式，哪些情绪可以点破而哪些情绪不能点破，这取决于领导者自身的智慧和处理方式。除非领导者非常有把握，一般情况下，最好选择看破而不说破。最好的方法是以包容的心态理解和接纳对方的情绪。接纳是倾听者给对方带来的直接感受，这需要倾听者有非常稳定的情绪和开放的心态。总之，第一时间识别对方的情绪及其引发模式可以让倾听者及时响应对方的需要，并稳定对方的情绪，让对方可以在一种相对稳定的情绪状态下描述事情的整个过程。在这里，我们需要指出的是，倾听是一个双方互动的过程，最好的状态就是倾听方的情绪是很稳定的，这样可以影响倾诉方从而达到稳定对方情绪的目的。另外，倾听者在对方情绪激烈的情况下，尽量不要说"你别生气，你别着急"，因为这会让对方有种情绪无法安放的感觉，或者认为倾听者在否定自己的情绪，有时对方甚至会把这种否定视为对他本人整体的否定。

### 2. 如何保持头脑清醒

每个人的思维意识都是独特的，至于思维模式是如何形成的，目前有很多不同的说法。对于领导者而言，如何培养清醒的头脑是需要持续关注的一个重要问题。

关于如何保持头脑清醒，中国传统文化主张"炼精化气，炼气化神，炼神还虚"。在精气神三宝中，养神尤为重要。庄子提出了"恬淡寂寞，虚无无为"才是"天地之平而道德之质"的观点，从而得出了"纯粹而不杂，静一而不变，动而以天行，此养神之道也"的结论（《庄子·刻意》）。清代养生家曹庭栋在其著作《老老恒言》一书中仔细分析了前人的静养思想，他从实际出发，给"静神"赋予了新的内容，提出"心不可无所用，非必如槁木，如死灰，方为养生之道"。他主张相对的静，认为安静时固然要戒动，但动的时候防止妄动也是一种安静。"静神"即清静以养神，清静一般是指精神情志保持淡泊宁静的状态，因神气清净而无杂念，可使真气内存，达到心神平安的目的。

中国传统文化中所讲的"神"，是指人的精神思维活动，包括魂、魄、意、志、思、虑、智等。由于"神"有任万物而理万机的作用，故常处于易动而难静的状态。那么我们如何守神以练静呢？道家文化就谈到了，可以通过练意和练气来以神驭静，这主要包括静坐、吐纳、调息、服气等方法。其中的练意（又称调心），即放松心情、调整精神状态，以起到促进神气入静的作用。故《黄帝内经》中说"呼吸精气，独立守神"，可见，中医认为静神调气是一种重要的锻炼方法，常练静功有清静神气的作用。此外，眼耳为人体五官中接受外界刺激的主要器官，目清耳静则神气内守而心不劳，若目驰耳躁，则神气烦劳而心忧不宁。由于"目不乱视，神返于心，乃静之本"，所以俗话说"闭目养神"。老子曾说"五色令人目盲，五音令人耳聋"，意思是乱视杂听会使耳目过用不清而耗伤神气。当然，目不可以不视，耳不可能无听，关键在于不要为了满足私欲而乱视妄听，使神气不宁。

对于领导者而言，培养清醒与冷静的头脑是保持对事物有正确和客观的判断的基础。关于领导力的培养，曾国藩也曾经说过，"凡办大事，以识为主，以才为辅"，其中的"识"指的就是对事物的判断和把握。"宁静致远"也是在告诉我们，静是智慧的来源。在快速发展的社会背景下，我们常常会看到很多领导者每天忙于工作，其实自己已经不堪重负。有些时候，很多领导遇到事情也会不知所措，这时应该将培养冷静和清醒的头脑也当作是工作的一部分。也就是说，领导者应该培养一种平静的心情，把安稳、平静的心理状态放在相当重要的位置，只有能肯定自己、悦纳自己、喜欢自己的人才能静得下来，才会不为外界环境所动，一心一意做自己的事业，表现出"名利于我如浮云"的超然达观的态度。

### 三、准备"倾听工具"

在倾听时准备两个小工具，可以起到事半功倍的效果。

首先，准备一个笔记本。在职场沟通的场景中，不要让这个笔记本离开你的视线。和对方说话时，你可以掏出笔和本来问："你说的内容很重要，我能记一下吗？"这个动作很简单，三秒钟就能完成，但对方会因此对你非常满意，因为做笔记意味着你特别愿意倾听，这是尊重的表现。记笔记的时候，你可以把页面划分为两栏，将听到的信息分门别类——经判断为事实的部分放到左边，右边则是那些非事实部分，如对方的情绪、你自己的感受等。基于此，边听边问自己——我需要做什么？我该怎么行动？还有非常重要的一点是，把行动清单整理出来，用特殊记号标记。你可能会问，计算机同样可以记录信息，为什么一定要在本子上完成呢？因为躲在计算机后面时，你可能无暇顾及和对方做眼神交流，很容易忽略对方的非语言信息，如眼神和姿势等；且当你对着计算机打字时，对方也很难判断你到底是在听他讲，还是在跟别人聊天。而笔记本是一种能传递很多积极信号的工作道具，所以，做笔记最好的方式是用笔记本记，而不是用计算机记。

其次，你还需要一个"外脑"——录音。沟通时为什么要录音呢？因为如果是长对话，尤其是在开会的场景中，只要是听，就大概率会丢失信息。你要花很长时间训练，才能做到听信息不丢失，听信息不忘。而录音软件可以直接把信息完整地记录下来，充当你的"外脑"。但请注意，录音工具的作用是备查，方便事后查漏补缺，不能用它来代替你的笔记。还有，需要调用录音的时候，不是听，而是把录音转成文字，看文字比听录音效率高得多。

# 任务二 寻找语言背后的线索

**任务要求**

你在倾听别人说话时是怎么抓信息重点的?

你能分清说话人传达的情绪、事实和期待吗?它们的区别是什么?

 **必备知识**

## 一、认知他人情感的能力

认知他人情感的能力主要是指感知他人情绪变化的能力。情绪科学告诉我们,只有很小一部分人拥有良好的自我觉察能力。日常工作生活中,有较好他人情感认知能力的人,能够通过观察不同的事情引发他人不同的情绪,来觉察他人的性格特点和内心需要,从而能更加有效地与他人建立良好的关系。他人认知低效能的表现是对人麻木、无动于衷、不关注他人。要改变这种状态,首先要对人敏感,学会关注他人,通过观察和交流来了解他人,运用同理心与他人建立尊重与信任的关系,促进合作与协作。中国传统文化中关于认知他人的著作有很多,比如,曾国藩的《冰鉴》就专门讲述了识人方法。识人是一门重要的学问。常言道,读万卷书不如行万里路,行万里路不如阅人无数。随着一个人年龄和阅历的不断增长,其与人打交道的学问也在不知不觉中提升了。

提升认知他人情感的能力要掌握三个重要的技巧。

### 1. 察觉

所谓察觉，也就是我们通常说的察言观色，洞悉他人面部表情、眼神、肢体语言、语音、语调、语速、用词等的变化，感知他人情绪的变化。这是从情绪的小的方面去察觉他人。从大的方面，我们对一个人的特点和性格也应该有我们自己的判断。曾国藩在《冰鉴》一书中所讲的识人方法，"功名看器宇，事业看精神，穿通看指甲"，从字面意义上看"器"就是东西，"宇"代表天体，"器宇"就是天体构造的形态。从深层意义上看，"器宇"即风度、胸襟。像中国人说"这个人风度不坏"，吹过来的是"风"，衡量多宽多长就是"度"。"功名看器宇"就是说这个人能否取得功名要看他的风度。"事业看精神"，一个人精神不好，做一点事就累了，还会有什么事业前途呢？"穿通看指甲"，一个人有没有前途看指甲，指甲又与人的前途有什么关系呢？绝对有关系。根据生理学，指甲是以钙质为主要成分，钙质不够，会导致体力差，体力差就没有精神竞争。"如要看条理，只在言语中"，一个人思想如何，就看他说话是否有条理。

### 2. 理解

察觉之后还要理解。每个人的情绪变化都是有原因的，可能由你们二人的对话直接产生，也可能由联想到某些事情而产生。要了解背后的原因就必须听出语言背后的情感信息，也就是弦外之音。如果不能确定，可以询问："怎么了？你好像不太高兴。"对方有的时候愿意讲，有的时候不想表达。没关系，如果他愿意谈谈他的感受，你就当个好听众，注意，一定是全神贯注地倾听，不需要妄加评判，只需要回应他人的情绪；如果对方不愿意表达，千万不要逼对方讲，这样容易引起反感。

### 3. 回应

当对方表达他的感受时，我们要认真倾听，并对他的情感进行回应，最有效的做法就是运用同理心换位思考、不加价值评价、体察他人的情绪、沟通与回应情绪。这时你可以说："我真的不知道说什么好，但是我非常感激你能告诉我，感谢你对我的信任。"如果我们不作价值评价，就不容易给对方增加压力；而如果我们总是给对方支招儿，很容易让对方在情绪上陷入更大的混乱。

## 二、认知他人情绪的线索

人通过言辞、语音语调、面部表情和肢体语言进行沟通。一个人的措辞、语音、语调以及各种表情、肢体语言等，都可以反映出他当时的情绪状态。善于认知他人情绪的人往往能够有效关注他人语言的或非语言的情绪线索。如《论语》中讲到孔子观察人的原则："视其所以"——看他做事的目的是什么；"观其所由"——知道他的来源、动机；"察其所安"——看他心安于什么。孔子以这三点观察人，所以他说"人焉廋哉！人焉廋哉！"这个"廋"是有所逃避的意思。以"视其所以，观其所由，察其所安"这三个要点来观察人，就没什么可逃避的了。看任何一个人做人处世，他的目的何在、他的做法怎样，前者属于思想方面，后者属于行为方面。

### 1. 注意倾听他人的言辞及语音、语调

语音、语调本身就蕴含很多的情感信息。比如一句很简单的话"我今天很高兴来到这里"，说话重音落在不同的字上，感觉会完全不一样。如果配上面部表情和肢体语言，很有可能意思完全相反。语言背后的情绪是丰富多样的，一个人在一句话的背后所蕴含的情绪需要倾听者拥有一定的智慧和经验才能够准确判定。

### 2. 认知他人有意识或无意识展示出来的面部表情和肢体语言

面部表情往往是察觉情绪最难的部分，情绪科学告诉我们，情绪是一种综合性的生理反应，我们的肢体语言（如走路的姿态）可以反映出我们内心的情绪。中国儒家学派的代表人物孟子就喜欢通过观察他人的面部表情来察觉他人的情绪，孟子注意观察他人的眼神，光明正大的人眼神一定很端正；喜欢向上看的人一定很傲慢；喜欢向下看的人会动心思；喜欢斜视的人，可能他的心理上有问题。

## 三、用同理心倾听

"同理心"（empathy）一词来源于希腊文，意思是"情绪进入"。拥有同理心代表一个人拥有识别和理解他人情绪的能力。领导者应该意识到同理心是一项重要的能力，其强弱一方面与天赋相关，另一方面也与后天经验积累相关。经验表明，能深入了解自我的人往往也具有更强的同理心。在日常生活中，我们发现与有同理心的人沟通让人觉得更容易被接受和理解，诉说者也更加愿意进一步释放内心的情绪，表达自己的内心。

用同理心倾听是一种非常实用的倾听方法，指的是完全感受对方的情绪，进入他人的内心，以他人的眼光看世界。这是比较深层的倾听，需要以更多的

**领导力开发** ——培养你的领导潜能

关注、关心、关怀、关爱为基础,心理医生、教师、心理咨询师通常都会进行这种倾听的训练。领导者需要认识到,用同理心倾听有利于与对方建立伙伴关系,提升彼此的信任度,让合作与协作更容易实现。同理心的培养需要时间和经验的积累,在平时的工作生活当中,要做到用同理心倾听,我们可以尝试运用表4-1中的三种倾听方式:专注、跟随和回应。

表4-1 三种倾听方式

| 倾听方式 | 要素与行动 |
| --- | --- |
| 专注 | 端正的坐姿(心态摆正的状态) |
| | 目光回应(内心柔软和包容) |
| | 相对独立的环境(没有持续的外部干扰) |
| | 给对方宽松的表达环境(时间及情绪氛围的许可) |
| 跟随 | 问开放式问题,比如,"今天过得如何?""你觉得上午的会议怎么样?" |
| | 使用鼓励对方继续表达的词语,如"是的没错。""然后呢?""接着呢?" |
| | 有礼貌地保持安静可以鼓励对方表现出他的情感 |
| | 察觉对方的情感并进一步提问,比如,"你是怎么控制这种情绪的?" |
| 回应 | 基本同理心,比如,"我想因为……你感到……对吗?" |
| | 诠释对方的话 |
| | 回应对方的感觉,比如,"那肯定很刺激!" |
| | 呼应对方情感背后的含义 |
| | 总结归纳式的回应 |

### 拓展阅读 4-1

#### 识人如辨物

看人的气度,有时也是不简单的。大人物自有大人物的气质,但有的人的外表可就要别具慧眼来辨别了。像《吕氏春秋》说的:

"玉人之所患，患石之似玉者。相剑者之所患，患剑之似吴干者。贤主之所患，患人之博闻辩言而似通者。亡国之主似智，亡国之臣似忠。"

识人如辨物，似是而非的赝品，最会把人难倒。玉和石，是很容易分辨得出来的，但是若遇到一块很像玉的石头，那么即使是珠宝店的专家，也会感到头痛。至于评判宝剑也是一样，普通的生铁所铸、锋刃不利的，一望而知；但是如果一把剑的样子长得很像干将、莫邪等古代名剑，也会令古董商人头痛。

物固如此，对人的认识就更难。因为人是活的，是动的，会自我巧饰，所以一个贤能的君主，也怕遇到那种会耍嘴皮子、能说善道的辩士，弄得不好就误认他是有真才实学的通人，予以重用而最终误国。

历史上更有许多亡国之君，看来非常聪明；一些亡国之臣，看来非常忠心的。比如，大家崇拜的诸葛亮也把马谡看走了眼，而自叹不如刘备识人。

# 任务三　避免沟通中的常见障碍

**任务要求**

你觉得自己在平时的沟通中，遇到最大的障碍是什么？如何避免？

 必备知识

戴尔·卡耐基（Dale Carnegie）说："一对敏感而善解人意的耳朵，比一双会说话的眼睛更讨人喜欢。"虽然每个人都可以扮演别人的倾听者的角色，但想在工作和生活中找到一个认真的倾听者要比我们想象的难得多。如前文所说的用同理心倾听、察觉他人的情绪及其背后的真正诉求，就是需要倾听者长期修炼的一些能力。我们在沟通时常常会犯一些错误，从而造成倾听的障碍，影响沟通的正常进行。

## 一、识别因观点不同而产生的抵触心理

人类的全部活动都是由积累的经验和以前作用于我们大脑的环境所决定的，我们早已建立了牢固的思维模式和态度观点。每一个人由于文化知识和学历的不同，生长环境以及性别、爱好等的差异，面对一些事情的时候都有自己独特的观点。当遇到自己的观点与他人不一致的情况时，有的人很难接受不同的观点，甚至产生抵触情绪——反感、不信任，并产生不合理的假设。这是倾听当中的一种常见情况，如果倾听者在倾听过程中产生了这种排异情绪，是无法静下心来认真地继续倾听的。面对这种情绪的出现，倾听者是很快地察觉自己的情绪而迅速让自己冷静下来继续倾听，还是选择表达出自己的情绪与对方分享，这取决于倾听者自身的智慧、经验和判断。我们的建议是，先不要下定

论。在诉说者准备讲话之前，自己尽量不要针对所要谈论的事情本身下定论，否则，会戴上"有色眼镜"，从而不能设身处地从对方的角度看待问题，容易出现理解偏差。人们常常习惯性地用潜在的假设对听到的话进行评价，倾听要取得突破性的效果，必须要打破这些习惯性思维的束缚。

此外，倾听的经验和智慧是需要倾听者在平时工作中、生活不断修炼积累的。《论语》中有一句这样的话："子曰：'中人以上，可以语上也；中人以下，不可以语上也。'"这是说人的智慧不能平齐，姑且把它分作上、中、下三等的差别。中人以上的资质，可以告诉他高深的理论；至于中人以下的资质，在教育、教导方面，对他们就不要作过高的要求，不妨作低一点的要求。但中人以下的人，他们的成就又不一定永远在中人以下，只要努力，最后的成就会和中人以上的人一样。历史上的很多事例可以说明这一点。凡当过教师的，做过领导者的，都能体会孔子这一段话的道理。

## 二、避免倾听过程中自身的障碍

人们都有喜欢自己发言的倾向。发言被视为主动的行为，可以帮助你树立强有力的形象，而倾听似乎是被动的。在这种思维习惯下，人们容易在他人还未说完话的时候就迫不及待地打断对方，急于表达自己的观点；或者心里早已不耐烦了，不把对方的意思听懂、听全，而把自己的观点强加于人。因此，在与人沟通的时候一定要记住：别让你的舌头抢先于你的思考。

此外，倾听者消极的肢体语言也会影响对信息的完整倾听。有的倾听者习惯在听人说话时东张西望，双手交叉抱在胸前，跷起二郎腿，甚至用手不停地敲打桌面；还有的倾听者在倾听别人说话时，常常是"耳虽到，却听而不闻；眼虽到，却视而不见；心虽到，却荡漾于九霄云外；脑虽到，却神不守舍"，用心不专、三心二意、心不在焉就是典型写照。这些消极的肢体语言都会影响沟通的质量。为了纠正这些习惯，倾听者平时应该多进行规律性的正念练习，这能够让自己在沟通当中快速地平静下来，在倾听过程中调整好自己的状态，尽量减少倾听过程中自身的障碍。

## 三、避免环境的干扰

环境对倾听的影响是显而易见的。环境之所以影响倾听，是因为环境能产生两个方面的作用：第一，干扰信息的传递过程，使信息信号消减或歪曲；第二，影响倾听者的心境。也就是说，环境会从客观和主观两个方面影响倾听。有经验的倾听者往往会选择在合适的时间和环境条件下拉开倾听的序幕，因为他能准确识别自己和他人在不同环境下的情绪状态，并判断当下是否适合沟通。高情商领导者往往会及时识别环境对自我和他人心情与心境的影响，并会在与他人沟通之前选择适合对方情绪及偏好的环境，让对方畅所欲言。

**拓展阅读 4-2**

### 人性的正反面

鉴识人，见其器度固难，即使是根据其言行有了认识，也是不够的，还必须要更深入地了解其个性。在荀悦的《申鉴》中，有一段讨论到器度的反面个性。

#### 之一

"人之性，有山峙渊渟者，患在不通。"

一个稳如山岳、太持重的人，做起事来，往往不能通达权宜。

#### 之二

"严刚贬绝者，患在伤士。"

处世太严谨刚烈、除恶务尽的人，往往会因小的漏失而毁了人才。

#### 之三

"广大阔荡者，患在无检。"

过分宽大的人，遇事又往往不知检点，流于怠惰简慢，马马虎虎。

#### 之四

"和顺恭慎者，患在少断。"

对人客客气气，内心又特别小心谨慎的人，在紧急状况下、重要关键处，则没有当机立断的魄力。

### 之五

"端悫清洁者，患在狭隘。"

做人方方正正、丝毫不苟取的人，又有畏畏缩缩、施展不开的缺点。

### 之六

"辩通有辞者，患在多言。"

有口才的人，则常犯话多的毛病，言多必失，多言是要不得的。

### 之七

"安舒沉重者，患在后世。"

安于现实的人，一定不会乱来，但他往往是跟不上时代的落伍者。

### 之八

"好古守经者，患在不变。"

尊重传统、守礼守常的人，又往往会食古而不化，死守着古老的教条，于是就难有进步。

### 之九

"勇毅果敢者，患在险害。"

有冲动、有干劲的人，又容易造成危险的祸害。

所以认识一个人的风度，还要知道他这一种风度在反面有什么缺陷，那么"事上"也好"用下"也好，才能达到知人善任的目的。

# 项目五

# 开发社交技能

**领导力开发** ——培养你的领导潜能

 背景介绍

有效的沟通是领导者履行其基本领导责任的最根本方式，其目的在于激励团队成员勇于担当，共同创造更好的明天。掌握有效的沟通技巧可以帮助领导者具备启发性的领导能力。企业领袖与团队成员间的坦诚沟通有助于团队克服困难并取得成功。优秀的领导者都善于倾听雇员的观点，而开放的沟通则有利于提高领导效率。领导者对员工产生的影响主要取决于他们的沟通方式。虽然不同领导者的沟通方式千差万别，但是，如果沟通得当，领导者对员工都能够产生正面的影响。

社会中人与人之间有着某种联系，即进行各种各样的沟通和交往。人际交往是人们认识、了解和合作的主要手段，在该过程中可能出现的人际关系问题有自我中心、多疑、羞怯、孤僻、自卑、嫉妒、社交恐惧症等。有研究显示，人际关系不和谐的人，其个人的成长与前途都会因此而受到很大的影响。在一定程度上，人际关系的协调能力能体现一个人的心理成熟度，也是体现一个人精神状态的重要因素。每个人都会遇到不同的人际关系环境，会遇到不同的人际关系问题，会遇到各种各样的人际关系障碍。

与人沟通的最大特点是依靠真实的面对面的社交网络。如果没有与他人的接触，领导者几乎不可能发挥自己的作用。领导者的社交网络能帮助他对快速变化的世界做出回应，在这个社会中，人与人的关系非常重要，它能帮助人们解决复杂的问题。沟通网络是领导者的资源和支持。在沟通网络中，领导者可以通过影响更多的人来获得更大的影响力。在密集的社交网络中，领导者学会运用恰当的沟通方式和合理的沟通技能是非常关键的。

 学习目标

**知识目标**

1. 描述充满力量的语言风格的关键特征；
2. 描述说服的六个基本原则；
3. 描述沟通困难的解决办法。

**项目五　开发社交技能**

**能力目标**

1. 能够描述领导者需要具备的沟通技能；
2. 对克服跨文化交流障碍的重要性保持敏感；
3. 识别解决冲突和进行谈判的基本方法。

## 任务一　修习必要的社交技能

**任务要求**

回忆一下你在与他人沟通的过程中运用了哪些技巧？这些技巧如何发挥作用？

学习新的社交技能，并有意地在沟通交流中运用这些技能。

 必备知识

### 一、成为具有启发性和感召力的交流者

运用有影响力的沟通和交流技能，能使你成为一名在工作上卓有成效的领导者。要想成为一个有启发性和感召力的交流者，可以运用的沟通方式有两种：语言沟通和非语言沟通。可以参照以下建议进行有效和令人信服的沟通。

#### 1. 成为一个值得信任的人

劝说的尝试，不管是口头的还是书面的，都是以信息提供者的个人信誉为基础的。当一个人被认为具有很高的可信度时，他的劝说沟通就很容易取得成功。许多因素都会影响人们的信誉。以说谎著称的领导者很难让他人相信新计划的好处，而被认为诚实、正直的人则会赢得他人的信任。

#### 2. 针对不同听众群体调整信息

说服性沟通的基本原理是：讲话人要让自己的话语贴合听者的兴趣和动机。在设计说服式讲话时，受众群体的受教育程度是一个重要的考虑因素。受

教育程度高的人们更容易受到基于逻辑论证的强有力信息的影响，更倾向于拒绝不符合逻辑的信息。比如，公司首席执行官在访问工厂时会对工人表示，如果工作超前完成，那么员工将会得到特殊的照顾和支持；而面对股东们时，他则强调降低成本的方法可以提高公司的每股收益并扩大分红。

### 3. 将你的建议推销给团队成员

领导者可能会遇到团队成员不愿意按照自己的建议和想法去行动的情况。把推销引入有效沟通的领域，旨在强调领导者应该具备"内部客户意识"，以便在与下属沟通时让下属心服口服地接受建议。所以，领导者要让团队成员了解他们是怎样从自己的提议中获益的，即营销理念中的沟通技能——"永远与金钱联系在一起"。

### 4. 运用富有感染力和鲜明感情色彩的词汇

恰当地使用特定的词汇会使你的讲话更有说服力。如果恰当地使用自然和真诚的词汇，将突显一个充满信心的领导者形象，彰显你的领导能力或其他潜在才能。与语言的魅力密切相关的是那些能让人情绪激动的词汇，提高讲话的说服力就要用这些词汇来装饰你的语言。触动情绪的词汇能唤起人们的回忆。同时，用一些流行的词汇和词组也是非常有用的。

### 5. 运用有趣的故事来表达意义

有趣的故事是领导者说服员工和影响战略的重要手段。讲故事是一种古老的技巧，但作为领导者影响和鼓励别人的方法，现在它比任何时候都要流行。那些经过仔细筛选的有趣故事对于让团队成员了解公司价值的重要性是很有帮助的，只要不被频繁地重复，它们就可以传达重要而新鲜的信息。

### 6. 以数据为依据

如果你在口头和书面上都有可靠的数据，那么你就会更有说服力。获取资料的一种方式是亲身参与，比如通过网络访问你的顾客；公开的渠道和平台也可以为论证提供有说服力的资料，许多论证的支持资料都能在商业报纸、杂志和互联网上找到。但是领导者们通常是当机立断的，过分依靠数据会显得你对自身能力缺乏信心。所以，在提出一个重要的意见时，一个很大的问题就是如何在依靠数据和依靠自身能力二者之间找到一个恰当的平衡点。

### 7. 将语言错误、无用词汇和发音卡顿降到最低限度

使用生动有力的词汇会让人觉得你很有信心，很有领袖气质。另外，尽量不要用那些会削弱你的话语影响力的词汇和词组，因为这种表达方式会给人一种缺乏信心的感觉，尤其是在工作场所，会降低你的交际能力。好的领导者

必须在语言表述中正确使用语法，拿出更好的表现力，树立起知识渊博的领导者形象，以此来提升领导地位。

### 8. 专业术语的恰当应用

行业专家们通常会用到本行业的专业术语。术语的使用往往是自发的，而有时选择运用这些术语的目的是和信息接收者建立融洽的关系。少量的专业术语可以使你的产品和服务被描述得更加精致、更有魅力。在商业谈话中，恰当使用专业术语可以帮助你和别人建立亲切感，也可以加深对方对你的印象。

## 二、运用强有力的语言风格

要使自己的话语有说服力，关键在于用恰当的语言表达方式来表达自己的观点。语言风格之所以复杂，是因为其包含了人们在不同的文化环境中学习的语言符号，同时也包括了人们对他人所说的话的理解和对他人的评价。语言的复杂程度使得我们需要进行一定的训练才能形成强有力的语言风格。下面的八种语言形式和要素在许多场合中都会使你的话语具有力量和权威感。

1. 声音要足够大，一般要让听力正常的人都能听到。讲话声音太小会让人觉得自己很没自信。

2. 使用代词"我"可以提高想法的可信度。当然，这样做在强调团队合作的组织里会起到相反的作用。

3. 尽量不要使用那些自贬身价的词语，比如，"这听上去也许很傻，但是……"；不要过度道歉，特别是说"对不起"的次数要少一些。

4. 迅速地陈述你的意见。你应当知道，当别人表现出不耐烦或者打断你时，你说话的时间就太长了。

5. 直截了当，不要拐弯抹角。比如，你应该说"我需要你在明天中午以前做好一份报告"，而不是"我想知道明天中午之前你的报告是否能准备好"。

6. 去除讲话里软弱无力的字眼，理直气壮地说出自己的观点，不要给人任何不确定的感觉。最好给出一个明确的时间来完成项目，比如，不要说"我会尽快把它交给你"或者"这没什么问题"，而要说"我会在本周五之前把我的计划书做完"。

7. 知道自己到底要做什么。你在脑子里想得越清楚，你就会有越多的机会去推销这个主意。在你的发言中，你的表达越清晰，语气越坚定，那么你的话语就越有说服力。

8. 以听众更容易接受的方式构思你的评论意见。比如，当在场的其他人发现出了问题但又无法确切地指出问题所在时，你就可以说"让我们再往下挖一点"，你的目标是从其他人那里得到一些帮助，从而找到问题的根源。

尽管以上八点可以帮助你养成一种强有力的语言风格，但最好的沟通方法是不存在的，你的语言能力和权威性往往依赖于所涉及的人、组织的文化、说话人的位置以及其他的环境因素。强有力的语言风格应当被看作一个普遍性指导原则。

### 三、倾听他人的意见

倾听他人的观点也是提高管理和领导能力的基础。倾听是对话的一部分，在对话倾听的过程中，双方可以通过了解彼此的观点来了解彼此。要想支持并激励下属，领导者必须主动倾听。另外，领导者和团队成员间有效的信息交换需要双方都能听取对方的意见。只有彼此倾听，才能让双方的关系更上一层楼，一个不能认真倾听团队成员的观点的领导者是不可能找到问题的根源的。在当今组织架构复杂的企业中，团队需要有效的沟通，包括倾听。但在通常情况下，许多信息被误解、忽略甚至遗失，造成人们的创造性受到抑制，团队成员缺乏自信，以致于达不到目标。

在倾听过程中，领导者往往要担负较多的责任，其中也包含了大量的分析任务，而领导者工作负担重，很难有足够的时间来认真倾听下属的建议，这是领导者需要面对的主要困难。领导者的倾听有两种方式：选择性听取汇报和巡查。

#### 1. 选择性听取汇报

沟通过程中，领导者往往要面对各种各样的要求和大量的信息，因此很难把注意力集中在每一个问题上，因此，领导者会有意识或无意识地选择倾听特定的问题。忙于工作的领导者一定要避免只听好消息、坏消息或者财务信息等。在公司盈利的情况下，只喜欢听财务结果的领导者就有可能忽视能反映真正问题的其他消息。

#### 2. 巡查

领导者需要一个强有力的沟通途径与直接下属和他人进行面对面的交流，重点在于听取意见。巡查是指领导者随机访问员工，了解他们的表现、关心的事情和问题,并与他们共享信息。从倾听的角度来说,领导者应该对可能出现的问题保持警惕。领导定期巡查能增强员工的自信心,尤其是在公司困难的时候,领导者与员工的面对面交流则变得更加重要。

# 任务二　掌握沟通的主动权

**任务要求**

你在沟通过程中是否容易处于被动？处于被动是什么原因导致的？

你是否有过想要说服别人却被别人说服的经历？

 **必备知识**

运用兼顾真诚与恰当的表达方式不是一件轻松的事情。如果你听明白了对方表达的内容，就要用恰当的方式与对方确认，从而形成一个完整的倾听过程闭环。这个闭环的前提是双方出于善意，具备解决问题的能力，同时也以解决问题为导向。

但是，在一些实际的案例中，人际交往可能并不都是出于善意。如果对方不具备基本的善意，我们又该如何回应？在听完了别人的话后，我们由于某些原因，不愿意向他传递清晰的信息，那怎么才能保证交流的质量呢？也就是说，如何在不泄露任何信息的情况下保持一条完整的交流链呢？

沟通过程中对方有可能提出的问题千差万别，有时我们会碰到不愿意回答或没有能力回答的问题。即便如此，我们也要给予积极的、善意的反馈。作为沟通者，要坚决把"可能有无法解决的问题，但没有无法沟通的问题"作为目标。

## 一、善用"四个转换"

### 1. 口径的转换

假设一种特殊情境：对方抱有一定的敌意。

转换口径是指对方问你的是A问题，但你换个角度，用冲突性不强的B口径来回应他。这种方式适用于对方不太友好，但还是要维护基本的共事友谊的场景。口径一换，两个人潜在的冲突关系就被削弱了。

因此，当你听出对方不是非常友善的时候，就可以用这种方式来处理他的情绪。但是需要注意的是，转换口径的方法不宜滥用，滥用此方法特别容易被人看成是巧言令色、油嘴滑舌，不利于形成互信的关系，所以最好慎重使用。

### 2. 时间的转换

当你要下班的时候，你的上司突然叫住你，说："我要调你去别的地方工作，你看如何？"你会说"行"还是"不行"呢？直接拒绝的话，会给自己的上司留下一个坏印象。在这种情况下，许多人会非常紧张，这时你可以采用"换时间"的方法，把自己从被动变成主动。比如，你可以这样回答："领导，这种大事，您能不能让我想想，我想一下，下星期一我去跟您说，怎么样？"

用这种方式，你就能在交流中占据主动。有的时候，我们未必能看懂对方的用意，还得重新思考，找人商议，才能弄明白，所以拖延时间就是为了给自己创造机会。

### 3. 场合的转换

转换场合，改变交流的情境，也是一种有效的沟通方式。

比如，某天领导召集员工开动员会，表态说所有干部要暂时取消休假，周末加班加点达成今年的总目标。领导的话掷地有声，他刚说完，你就面露难色说："我要去参加朋友婚礼，这周末加不了班。"你觉得领导会怎么回复你？事实上，这个时候应该使用转换场合的技巧。等开完会，你可以到他的办公室，和他单独说："不好意思，领导，本周末我要出席一位重要的朋友的婚礼，早就约好了。但是后面的加班，我都没问题。"一般情况下，领导都会同意。

这就是所谓的"转换场合"。在公众面前，领导是公司的代言人，必须维护公司的严肃。你来不来都是小事，问题是，你要是当着这么多人的面拒绝，他很难再去要求其他人。但是，在私人场合，他代表的是自己。身为同事，他当然理解你的难处。类似地，如果你想要突出某一点，那么你要在公开场合做扩大化处理。当然，在使用这种方式前，你必须在心中判断"降级"或者"升级"事件是否会得到上级的认同。如果你得不到上级的认同，就不要随便改变。

#### 4. 角色的转换

如果有时候我们没有把握做决断该怎么办？这个时候就可以转换角色，将决断权交给领导。

比如，领导者问你关于本季度所设定的目标是否合理的问题。如果你不知道该如何回答，也不能拒绝回答，那就用委婉的语气将问题压下去："老板，我也正有类似的疑问想跟您请教，我想知道我们应该怎么做，才能让我们的指标更合理，更符合公司的发展？"

你还可以将自己的身份定位为主持人，把问题抛给那些更专业的人。这个方式在问题超出你的专业范围的时候更有作用。比如，你是一名销售员，带着团队去拜访客户。客户看着材料突然问了一个关于产品质量的尖锐问题，你可以请工程师来回答这个问题，因为他会介绍得更详细、更专业，也更能让客户信服。另外，通过这种重新建立群体沟通的方式，你拿回了沟通的主动权，激烈的冲突也会因此得到化解。

## 二、说服的六个基本原则

说服是一种用来扩大自己的影响力的重要方式。领导者常常要面对向没有管辖权的对象施加影响力的情况。这种情况可以归因于较为扁平的集团层级结构，或者是管理权限的不合理，领导者必须克服这一障碍，在并不明确的职权范围内进行劝说，并获得合作伙伴的配合。遵循科学的方法，说服的过程将会更顺畅。

下面所述的六项基本原则都与特定的方式相对应，它们可以作为本项目所提及的其他说服方式的补充。

#### 1. 维持好感：人们喜欢那些欣赏自己的人

如果被说服的人喜欢你，那么你的说服行为将会变得更顺畅。突出你与对方相似的地方，恰当地赞扬对方，这是一个很好的赢得对方好感的方法。与此同时，作为领导者，对喜欢自己的人施加影响力将会事半功倍。因此，领导者应该强调其与团队中其他成员的共同之处,并表现出对团队成员的兴趣。夸奖是一种很有效的方式,哪怕是对着一件微不足道的事情,诚恳的赞美也会产生最好的效果。

### 2. 相互作用:以德报德

优秀的领导者经常能够带头表现出良好的态度,用一种带头的方式来影响一群人,让他们做出具体的行为。一个好的领导者应该展示出一个可靠的、模范的形象,成为所有人的榜样,通过间接的方式来产生影响。总之,有付出才有收获。

### 3. 社交证据:效仿类似的人

在群体中,人们更易受到与其相似的人的影响。对于领导者而言,这个原理可以被用来进行劝说。比如,如果你希望推进无纸化办公,那么最好不要自己开口,而应该鼓励一个普通的雇员在会上提出建议。这样,你的安排将会更容易被你的下属所接受,因为他们不会感到被强迫。

### 4. 一致性:根据清楚的许诺来决定

人们往往会信守他们所许下的诺言。作为领导者,应该使雇员具备这样的品质,使其能够积极地进行公开承诺,并将其付诸实施。领导者可以用文档的形式来做记录,使承诺变得更可靠。

### 5. 权威性:听从专家的意见

试着给你的下属展现你的职业素养,让他们知道你在某些方面的权威。当然,作为领导者,不需要像专家一样拥有非常精深的专业知识,但是要让你的下属明白,你对这个问题很有研究,而且有自己独特的见解,绝不是一个完全不懂的人。

### 6. 稀缺性:人们想拥有更多欠缺的东西

如果人们认为某一种资源的存量在迅速下降,那么他们的主观意识就会把这种资源视为一种更为宝贵的资源。比如,你希望让下属参加培训班,就应该突出这种课程的稀缺,你可以强调,这种课程很有可能在未来很长一段时期都不会再开设了。为了增强其可信度,你还可以突出某些类型的信息很罕见。

综合运用以上原则会有较好的效果。比如,当你在树立自己的职业权威时,你也要称赞别人。另外,诚实也是运用上述原则的基本先决条件,捏造某些资料或过分修饰自己的行动只会适得其反。

## 拓展阅读 5-1

### 涉世深浅

《菜根谭》说:"涉世浅,点染亦浅;历事深,机械亦深。"初进入社会,人生的经验比较浅一点,像块白布一样,染的颜色不多,比较朴素可爱。年龄大一点,见识体验得多,是可贵;但是从另一个观点来看,年龄越大,的确麻烦也越大。有些人变得沉默寡言,看起来似乎很沉着,似乎修养非常高,但实际上却是更加机械化。因为有话不敢说,说对得罪人,说不对也得罪人。

比如武则天时代的宰相杨再思,虽然是明经出身,经历多了,做宰相以后,反而变得"恭慎畏忌,未尝忤物"。别人问他:"名高位重,何为屈折如此?"他说:"世路艰难,直者受祸。苟不如此,何以全身?"

# 任务三　解决社交中的难题

> **任务要求**
>
> 你身边是否有外国朋友？你们之间的交流是否存在障碍？
>
> _____
> _____
>
> 回忆谈判中遇到重大冲突时你的表现。
>
> _____
> _____

 **必备知识**

## 一、克服多种跨文化交流障碍

领导者面对的另一个交流挑战，是跟不同文化和亚文化背景下的人打交道。能够管理跨文化团队的领导者往往备受欢迎。对价值观、态度和礼仪方面的文化差异保持警觉有助于领导者与不同文化背景的人更有效地交流。克服多种跨文化交流障碍可以遵循以下十项指导原则。

### 1. 保持敏感

最基本的指导原则是要认识不同文化之间的沟通障碍。在与不同文化背景的人们交往时，应该向他们寻求反馈，这样可以将跨文化沟通中的障碍降到最低。比如，要研究哪种类型的表扬或奖励对于一个特定的文化群体来说更有效果。

### 2. 排除主观因素，避免偏颇

人们总是难以摆脱成见。我们对不同文化群体的各种刻板印象都会导致沟通的障碍。你对其他群体的刻板印象未必是真的，消除偏见可以帮助沟通。

在沟通中要始终保持警觉，不要因为自己的主观偏见而和别人发生冲突。

### 3. 尊重全体职员

总体上讲，平等友好地沟通，以公正的态度看待其他文化，有助于跨越沟通障碍。记住，对方的文化和你有差异并不代表他的文化比你的差。要消除沟通上的障碍，与学会外语相比，尊重彼此的文化更加重要。

### 4. 言词清晰

与使用其他语言的同事合作，你说的话应该易于理解，要尽可能避免使用自己母语中的俗语，因为他们可能会很难听懂。面对面的沟通可以促进交往，因为在谈话中，身体动作和脸部表情可以帮助你更好地了解对方。

### 5. 如果你说的不是对方的母语，请留意有无误解的征兆

在沟通过程中要对可能发生的误会保持警觉，如沉默不语或茫然的表情等。一旦发现了这种征兆，就要对语言做出相应的调整，尽量使其变得简单明了。

### 6. 在适当的环境下讲其他文化的语言

通晓多语种是一个优点，会讲本地的语言可以使你的观察能力和理解能力更强，并且可以有效地避免误会。如果领导者精通多种语言，那么他就会更容易得到尊敬和信任。主动地运用不同文化的语言可以传达出正面的交流信息。

### 7. 留意不同文化的不同礼节

违反不同文化的社会礼节会造成不必要的沟通障碍。很多国家都有一种很重要的商业礼节，那就是做生意的双方应当在一起吃顿饭。因此，如果你在一次重要的会议上被邀请去参加聚会，那么你就应该把这次聚会看成是一个很好的交流机会，如果你不合理地拒绝了，那就显得太不礼貌了。

### 8. 不应被说话人的说话风格、口音、语法或外貌所左右

尽管这些外在的因素与一个人的性格有着某种联系，但在说话人使用的是非母语的情况下，我们却很难依据这些外在因素做出正确的判断。比较好的办法是就事论事，因为别人在学外语的过程中是有可能犯些低级错误的。

### 9. 避免清楚的种族特征

把种族作为标记用于描述别人往往意味着负面的陈规定型观念，应杜绝这种行为。

### 10. 注意处理非言语沟通的不同

某些非言语的讯息，如手势、身体动作等，都有可能造成误会。比如，一些领导者会触碰员工的胳膊以示亲近，但是一些人不喜欢和同事有肢体上的

接触，这会让他们感到被冒犯。

## 二、解决冲突和进行谈判

领导者之间的竞争往往很难处理，要花很多时间去协商。高层管理人员之间发生的矛盾往往会给企业带来很大的冲击。在各种规模的企业中，部门间的竞争始终是企业的软肋，各部门之间的相互竞争常常会造成产品延迟交付、成本上升、市场规模缩小等不良后果。若各部门间的矛盾不能消除，合作就会变得困难。因此，化解部门之间的矛盾是必要的。

要想找到解决冲突的方法，不仅要学习领导技巧，还要学习管理技巧。冲突的解决更多的是在组织中维持均衡和协调，并不会直接影响企业和组织的绩效。本部分内容集中讨论了协调不同领导者的工作方式、解决不同团体之间的矛盾的基本架构，并提出了在协商过程中使用的方法。

当前我国的冲突管理模式主要有竞赛式、调和式、共享式、协作式和回避式。

### 1. 竞赛式

采用竞赛式的人想要为达到自己的目的而牺牲他人，或是想要成为领导者。具有竞争倾向的人会卷入权力之争。

### 2. 调和式

采用调和式的人更愿意缓和冲突，或是不顾及自己的需求去迎合别人。有此倾向的人会宽宏大量，或者做出自我牺牲。

### 3. 共享式

共享式介于支配和安抚之间。采用共享式的人更愿意达成共识，而非彻底地满足某一方的需要。

### 4. 协作式

与其他模式相比，协作式更能满足双方的需要。协作式的冲突管理模式是通过一种双赢的方式来解决问题，相信冲突双方都能达到一定的目标。本着双赢的态度，沟通人员会仔细地寻找可以满足双方需要的办法，至少不会对一方造成太大的伤害。采用协作式可以帮助改善双方的关系。

### 5. 回避式

采用回避式的人缺乏协作意识和信心。他们对双方的要求都漠不关心，往往会置身事外，或是听天由命。那些喜欢回避的领导者会让下属自行解决问题，而不是主动与下属交流。

致力于解决矛盾的人通常会综合运用以上五种模式来实现自己的目标。通常，解决冲突行之有效的方法是争取自己的核心利益，同时在触及对方核心利益的时候适当做出让步。

### 三、如何管理低绩效的下属

对于领导者来说，管理低绩效的下属是一个很大的挑战。没有人喜欢被别人指责，因为别人的批评会伤害自己的自尊心。很多领导者都会避免对下属的不良表现进行批评，因为这种批评往往会导致下属情绪上的矛盾，或是影响双方间的信任关系，无法从根本上解决问题。领导者必须把业绩作为衡量工作的首要指标，以便在公司或部门内部建立一个好的工作氛围，让下属专注于工作。如果一个领导者的周围都是阿谀奉承的人，那公司或部门的整体工作环境就会变得很差。领导者要经常告诫自己："领导看重的事情，就是下属努力的方向。"

要想提高下属的工作绩效，领导者就必须要有适当的回馈，这种回馈主要用于维持良好的关系或缓和紧张的气氛。在下属表现欠佳时，优秀的领导者可以采用以下十种帮助的态度来解决问题。

#### 1. 就业绩问题收集资料

领导者在对表现不佳的下属进行批评前，掌握正确的事实很有必要，这就需要搜集有关资料，如问题发生的时间、严重程度（有哪些不良影响）、经过（问题的起因、下属所涉环节）、范围（问题是否只发生在该下属身上，其他人是否面临同样的问题）等。如果信息是从二手渠道获得的，那就需要从多个渠道对其进行确认。假如问题以前出现过，那么要回顾一下当时所采用的解决办法。

#### 2. 尽可能地避免产生偏见

不要把问题归咎于你的下属没有能力或是没有工作动力。工作表现不佳的原因有很多，既有客观因素，也有主观因素。有些客观因素是无法控制的，比如，供应商毁约、人力资源不足、不可抗力、组织内部或外部其他人员的失职等。工作表现不佳的主观原因可能有：工作动机不强、技术经验不足等。如果一个员工不能按原计划完成工作，不能对工作进行严密的监控，没有判断能力来处理问题，或只会把问题拖到变得更糟，不能及时向上级报告应该注意事项，背后的原因还可能是他没有按照工作的流程去做、不够专业、行事不恰当等。上述这些因素都会导致工作表现不佳，因此要避免归因偏差，不要把问题简单地归纳到一两个方面上。

### 3. 及时提供正确的反馈

当发现问题后，领导者必须及时处理。在初步调查结果形成之后，领导者要对所发现的不良行为和所涉及的问题进行及时的解决。如果对问题的反馈不够及时，那么就有可能错过解决问题的最佳时机，从而使问题变得更糟。如果一个下属突然受到上级的指责，他更容易采取防御措施，给下属提供这种反馈不利于问题的解决。

### 4. 用特定例子对问题进行简短的说明

给下属提供好的反馈要明确问题，要有针对性。当你给下属指出问题的时候，要列举一些例子，并说明问题出在什么地方；避免形成过于夸大的结论，比如"你老是迟到"；要简短地说明错误的行为和错误的表现。要知道，如果一个人听到批评的时间过长，即使他听到的批评是有建设性的，他也会产生防御心理。

### 5. 解释失误行为的负面影响

在提出问题时，要做好充分的说明。比如，告知下属他的不正当行为会给别人带来麻烦，干扰别人的工作，或者会影响团队目标的达成。

### 6. 保持冷静和专业素养

要有专业的态度，要实事求是，不要情绪激动，不要攻击或排挤他人。一个习惯于大声呵斥、尖叫、谩骂的领导者，不仅不能激发下属的工作积极性，还会阻碍问题的解决，从而严重地影响上、下级之间的合作。批评应该是针对事情而非针对个人，在批评前要对下属表现出尊重，并表示愿意协助他解决工作上的问题。

### 7. 对业绩不佳的原因进行相互确认

要给下属一个解释的机会，倾听下属的解释是很有必要的，也是非常重要的。有时候，下属会因为不了解原因而找种种借口，不愿意自己去承担错误。认真、准确地区分主客观因素是很重要的，因为下属往往会掩盖自己的主观因素，不愿意承认自己的失误。如果出现了这种征兆，领导者就应该和下属一起商议如何改进、如何吸取教训。这类讨论应该侧重于错误和不适当的行为，而不是针对某个人的素质，不要批评下属判断能力差、不负责任、不主动等。各方应认真研究和确定问题的起因，而不是任意定下结论。

### 8. 让下属提出纠正意见

要使下属主动担当，积极改善工作表现。如果下属推卸责任，业绩是不可能提升的。相反，如果下属能自己想出一个解决方案，这对提高他的工作表现是非常有利的。因此，领导者与其直截了当地说出该怎么做，不如让你的下属提出改善意见。当下属无法找到改善之道时，领导者才向下属提出建议，并期望下属执行。

### 9. 向下属表示信任

研究显示，如果一个领导者对他的下属有很高的期待，那么他的下属就会有更好的表现。一个缺乏自信的沮丧的下属很难在工作中做出成绩。领导力的一个主要方面就是提高员工的自信心，当下属犯错时，领导者的激励措施会给他们带来重新调整的动力。

### 10. 表达帮助下属的真诚愿望

领导者要表达出自己想要帮助下属的诚意。领导者要把握机会，利用自己的专业知识来帮助下属；协助下属了解问题的根源，提出新的观点；协助下属找出不同问题的解决方法，并为下属推荐专业人士以获得专业帮助。

---

**拓展阅读 5-2**

**处理纠纷**

曾子在《大学》中引用孔子的话："听讼，吾犹人也。必也使无讼乎！"并说："无情者，不得尽其辞。"

讼是争讼、诉讼，通俗来讲就是打官司。

听别人打官司时，原告、被告、证人、律师，都是各有各的理由。当某一边说得很有道理时，听另一边说得也很有道理。最重要的是自己要保持客观，使大家没有纷争，都能心平气和，合理地解决争端。

"无情者，不得尽其辞。"天下的歪理千条，正理只有一条。当是非纷纭、莫衷一是的时候，只能用快刀斩乱麻的办法。所谓"当断不断，反受其乱"，阻止那个不合情理的一边，再也不要争辩下去。

### 拓展阅读 5-3

**以智化怨——挫其锐，解其纷**

有两个关于郭子仪个人的行谊的故事，说明郭子仪胸怀宽广，能以智化怨，以"挫其锐，解其纷"的心态来化解人与人之间的问题。

#### 之一

一是关于他与监军鱼朝恩的恩怨。

当时的政治态势是相当紧张的，鱼朝恩曾经派人暗地挖了郭子仪父亲的坟墓。大历四年（769年）春，郭子仪奉命入朝。到了郭子仪回朝，朝野人士都担心要掀起一场大风暴，代宗也为了这件事，特别吊唁慰问。郭子仪却哭着说："我在外面带兵打仗，士兵们破坏别人的坟墓，也无法完全照顾得到，现在我父亲的坟墓被人挖了，这是报应，不必怪人。"

鱼朝恩便来邀请他同游章敬寺，表示尊敬和友好。

这个时候的宰相元载也不是一位太高尚的人物。元载知道了这个消息，怕鱼朝恩拉拢郭子仪，因此，元载派人秘密通知郭子仪，说鱼朝恩此番邀请，是对他有大不利的企图，想要谋杀他。

郭子仪的门下将士听到这个消息，极力主张要带一队卫兵去赴约。郭子仪却毅然决定不听这些传言，只带了几个必要的家童，很轻松地去赴会。他对部将们说："我是国家的大臣，他没有皇帝的命令，怎么敢来害我？假使受皇帝的密令要对付我，你们怎么可以反抗呢？"

就这样他到了章敬寺。鱼朝恩看见他带来的几个家童戒备的神情，就非常奇怪地问他有什么事。于是郭子仪就老老实实告诉他外面的传言，并说："所以我只带了几个老家人来，如果真有其事，免得你动手时，还要煞费苦心地布置一番。"

他这样的坦然说明，使鱼朝恩感动得掉下了眼泪："如果不是郭令公你这样常厚待人的大好人，这种谣言，实在叫人不能不起疑心的。"

## 之二

另有一则故事，是在郭子仪的晚年，他退休家居，忘情声色来排遣岁月。唐史《奸臣传》上出现的宰相卢杞，当时还未成名。有一天，卢杞来拜访他，他正被一班家里所养的歌伎包围，在得意地欣赏玩乐。

一听到卢杞来了，郭子仪马上命令所有女眷，包括歌伎，一律退到大会客室的屏风后面去，一个也不准出来见客。他单独和卢杞谈了很久，等到客人走了，家眷们问他："你平日接见客人，都不避讳我们在场，谈谈笑笑，为什么今天接见一个书生却要这样慎重？"郭子仪说："你们不知道，卢杞这个人很有才干，但他心胸狭窄，睚眦必报。长相又不好看，半边脸是青的，好像庙里的鬼怪。你们女人最爱笑，没有事也笑一笑。如果看见卢杞的半边青脸，一定要笑，他就会记恨在心，一旦得志，你们和我的儿孙，就没有一个活得成了！"

不久，卢杞做了宰相，凡是过去看不起他的，得罪过他的，一律不能免掉杀身抄家的冤报。只有郭子仪全家，即使稍稍有些不合法的事情，他还是曲予保全，因为他认为郭令公非常重视他，大有知遇感恩之意。

史载郭子仪年八十五而终。他所提拔的部下中，有六十多人后来皆为将相。八子七婿皆贵显于当代。

"天下以其身为安危者殆三十年，功盖天下而主不疑，位极人臣而众不嫉，穷奢极欲而人不非之。"历代历史上的功臣，能够做到功盖天下而主不疑，位极人臣而众不嫉，穷奢极欲而人不非，实在太难得。这都是因为郭子仪一生为人处世，自然合乎"冲而用之或不盈""挫其锐，解其纷，和其光，同其尘，湛兮似或存"的原则。

一个人真能让自己的心理、思想不受环境的影响，不因空间、时间的变动而变动，才能称得上是第一等人。

# 项目六

# 正念领导力

## 背景介绍

"正念"(mindfulness)这个概念起源于佛教禅修,原为佛教八正道之一,其核心是四念处(身念处、受念处、心念处和法念处)。它的基础便是"如实如是",即对所有观察到的个体不经过任何解释而按照其原来的实际进行认知。它的重点是活在当下,就是"劈柴担水,无非妙道,行住坐卧,皆在道场"。

近些年,正念训练以及与之有关的"禅修""冥想"练习在管理实践中得到广泛关注。在美国硅谷,"正念禅修"已成为一种流行风尚,经常练习的商界人士特别是企业领导者逐渐增多。为寻求企业持续性发展和提升员工幸福感,以谷歌为代表的多家全球科技公司引入了正念课程。在中国,许多高科技公司为提升管理绩效和组织应变能力,也引入了一系列的正念课程,在企业中应用正念。相关培训悄然兴起,一些领导者与员工正在享受正念带给自身的好处。

## 学习目标

### 知识目标

1. 理解正念的定义;
2. 了解正念的发展趋势;
3. 理解正念领导力。

### 能力目标

1. 能够对正念的起源和定义有基本的理解和体会;
2. 能够就"正念在国内外的发展"说出两个基本方面;
3. 能够阐述正念给企业带来的影响。

# 任务一 认识正念

**任务要求**

请依据正念的起源和正念的科学定义,谈谈什么是正念。

 **必备知识**

## 一、正念的科学定义

20世纪70年代,正值禅宗在西方蓬勃发展,一些临床医生和心理学家注意到了禅宗修行的效用,这其中以美国马萨诸塞大学医学院的乔·卡巴金(Jon Kabat-Zinn)博士最为突出,他亲身体验禅修并且去宗教化地设计了"正念减压疗法"(mindfulness-based stress reduction,MBSR),并制定标准、严格的正念团体训练方案,使其更加具有操作性,从而帮助病人通过正念的方式管理压力和缓解疼痛。

根据乔·卡巴金博士提出的观点,正念是要以不判断或完全接纳的态度将注意力集中于自己对当下内外部刺激的体验上,其重点是个体觉知力,也就是说,正念是一种意识状态,主要是以开放和接纳的态度去关注并觉知个人的内外在世界。也有学者认为,正念是一种对自身内部和外部环境刺激不作判断而只是观察和接受的能力,即把注意力集中在对刺激的体验上,而不是评判上。

另有学者在2009年提出,静态的正念觉知和动态的正念技术练习构成了正念。静态的正念觉知就是个体专注于自身和周围环境的刺激、不作判断地接纳刺激;动态的正念技术练习则包括正念方式觉知呼吸练习、正念方式听声音练习、正念方式躯体扫描练习等技术练习方式,持续且有规律的正念练习能够帮助个体调整和改变思维模式。综合上述研究者对正念的研究归纳和系统总结,可以说,从科学的角度来看,正念包括了五个维度:专注力、觉知力、描述、不判断和完全接纳。

**1. 专注力**

专注力即注意力完全集中于当下的一种能力。

**2. 觉知力**

觉知力是一种特殊的注意状态,是对自身想法、情绪和躯体感受以及周围环境变化的感知。

**3. 描述**

描述是对感知的客观认识。

**4. 不判断**

不判断是一种态度,让你能更清楚当下发生事件的本质。

**5. 完全接纳**

完全接纳是一种愿意去经历当下发生事件的态度,这不是要我们逆来顺受,而是为了避免进入自动化思维模式,使我们做出更加明智、理智的决策,扩展自身的心理承受空间。

## 二、正念的相关研究

20世纪70年代,美国乔·卡巴金博士将正念引入医学领域。他认为正念在生活中具有非常重要的意义,而且这与宗教本身及是否信仰宗教无关,而与我们的自我意识、世界观、自我的定位和感官敏锐程度有关。

自乔·卡巴金博士的开创性探索开始,专家学者越来越多地运用正念的思想探索心理学方面的问题。埃克哈特·托利(Eckhart Tolle)所著《当下的力量》等书从理论依据和操作方式两个维度对正念原理及正念练习的实施做了阐释。他认为人们真正的贴身宝藏是自己的内在,而开悟只不过是人们内心与存在合一时觉知到的自然状态,他还认为开悟即是对存在的觉知失而复得。我们并不能"关闭"我们的大脑,我们无法彻底停止思考,无论我们如何尝试控制,念头总是不随我们的意志而来,躲不开,也不随我们的意志而去,留不住。

2014年美国《时代》杂志刊登了题为"正念革命"(The Mindful Revolution)的文章,以正念基础上的压力研究为背景,对于人们普遍面临的多任务状态下的压力管理做了阐释,主要介绍了正念和乔·卡巴金博士的正念减压疗法在美国的发展状况——练习者已遍布美国，并认为正念正逐渐走向主流。

在众多关于正念的著作中，乔·卡巴金博士的著作《多舛的生命》和《正念：此刻是一枝花》极具重要价值，乔·卡巴金博士是第一位将正念引入医学领域对病患进行治疗的学者，《多舛的生命》介绍了乔·卡巴金博士创立的正念减压疗法，是对正念训练的系统指导。该书阐述了运用自然、科学的方法来缓解心理和生理的不良感觉，指导病患应用正念的方法管理痛苦及其带来的压力，减少焦虑和恐惧。而《正念：此刻是一枝花》则是对将正念引入日常生活，应用于各个领域的探索。该书指出人们"往往有明确的理想与志向，常常很清楚自己要去向哪里，要做些什么"，然而，很多时候，人们会"暂时迷失自我"，忽略"我们真正需要认真应对的唯有当下"，不能发掘自己的全部潜能，不知道此刻该当如何、当下应该如何。乔·卡巴金博士的观点也反映了正念的精髓——活在当下。同时，乔·卡巴金博士阐述了正念训练的要点。他主张任何人都可以尝试正念，认为正念是"简单而不容易"的事情，并倡导人们可以停一停，觉知当下，顺其自然，不作评判。

# 任务二　认识正念对人体机能的影响

**任务要求**

请依据正念相关科学研究结论，谈谈正念对人体机能的影响。

 **必备知识**

## 一、正念与注意力

正念通过对人注意力的正面引导和影响来对人体机能发挥作用。研究表明，正念能够促进注意力的提高，特别是增强注意力的稳定性，并且还有助于提高对注意力的控制和注意效率。首先，正念能够增强注意力的稳定性。脑科学的研究表明，人类的大脑在清醒时有大约一半的时间在漫游，而正念能够使大脑稳定地注意现在。相关研究发现，特质正念（正念被认为是一种心理状态或心理特质，特质正念是觉知者在正念过程中产生的持久性改变的感觉、认知或意识）和几千个小时的正念训练能显著减少思维漫游。其次，正念能够提高对注意力的控制和注意效率。正念通过约束注意力的习惯性分配并减少对分散性信息的注意来控制注意力，而且通过加强对注意力的控制，有效降低与任务无关的思考活动，使得注意力有更高的效率。总之，正念与注意力稳定性（思维持续而不是游离地注意当前目标）、注意力控制（从系列潜在目标中选择重要的潜在目标）以及注意力效率（注意资源的经济性应用和分配）紧密正相关。正念正是通过这些途径影响包括认知、情感、行为和生理功能在内的人体机能。

## 二、正念与认知

研究发现，正念对认知能力和认知灵活性都能产生积极的影响。通常情况下，正念会影响认知能力中的工作记忆能力和流体智力（fluid intelligence）。一些对多样化人口（如士兵、学生、教师等）的正念干预研究表明，正念训练确实能够增强工作记忆能力。同样的研究也发现，在控制一般性智力后，特质正念也与工作记忆能力积极相关。而流体智力是运用评估模式和关系处理、回应新奇信息的能力。研究也表明，正念训练能提高流体智力。此外，正念能通过产生新奇的视角和反应来提高认知灵活性。冥想经验与创造力思维有关，特质正念和正念训练都能够提高顿悟式问题解决能力。遇到问题时，一些简单正念训练的参与者更有可能寻求新的解决问题的角度。总的来说，正念是通过正面影响注意力来增强认知能力和灵活性。

## 三、正念与情感

研究发现，正念会通过注意力对个体情感产生影响。注意力主要是影响个体对观察刺激的选择，改变个体对这些刺激的评价方式。由于情绪是对观察到的刺激做出反应的结果，因此在面对这些刺激时，正念就能够影响和塑造个体的情绪反应。正念可以影响个体对情感刺激的响应程度，缩短情绪反应的周期，减少情绪唤醒和达到顶峰、回到基线的时间。正念训练也可以让那些有社交焦虑的患者有一个短暂的觉醒高峰，特别是特质正念高的个体，在承受压力后，负面情绪会变少。一些针对特质正念和冥想练习者（长期或短期）的脑神经科学研究显示，正念还会抑制正向刺激的情绪反应。由于正念的个体更客观地观察自己的经验，他们在感觉加工和叙事的自我加工下，形成了一种解耦（减弱振波）的大脑网络，从而在心理上提供了某种程度的分离。正念不仅与情绪反应有关，也与一般的情绪基调有关。一项元分析式的研究发现，正念训练可以减少消极情绪，增加积极的情绪基调。

## 四、正念与行为

正念对行为的作用主要是通过影响个体的自我调节作用来达到的。大量研究表明，正念赋予个体高度的自我调节能力。自我调节是指在刺激与行为反馈之间的一种心理间隔，可以使个体的自动化反应减少，这是一种不费吹灰之力就从事某种行为而不自觉监督其运行的能力。自动化反应可以增强信息处理的适应性，也就是通过个体以往培养的习惯或习惯过滤器，形成自动的操作意识和习惯行为（如经验过程）。而正念提供一定程度的选择，以确定是否允许自动化反应运行或有意识地调整行为服务于更适应的结果。这已经通过研究得以证实：正念能改变深刻的成瘾行为。比如，正念练习可以通过降低对香烟的渴望，打破烟瘾与吸烟之间的联系，从而帮助个人戒烟。正念可以在刺激（想要香烟）和习惯性反应（去吸烟）之间创造间隔，让多种选择成为可能，帮助个体更有效地调节行为（比如去陪小朋友玩）。正念还与其他方面的行为健康联系在一起，包括降低压力值、控制饮食冲动等。所以，正念可以通过个人自我调节影响行为。

## 五、正念与生理功能

正念能对人的生理功能产生影响。实证研究发现，正念与许多涉及应激调节的神经生物学机制有关，包括压力反应等。研究发现，特质正念和正念训练可以提高睡眠质量。此外，正念还能够有效抑制睡眠前的入神和失眠引起的思维反刍（rumination）行为。还有一些研究发现，特质正念的程度越高，睡眠质量和活力状态就会越好。正念也与大脑中的变化有关，包括大脑组织结构的变化（如杏仁核的减少）、大脑组织模式的转变和区域功能的激活。正念训练联系着注意力、记忆力、情绪调节等大脑区域的变化，研究者通过扫描正念练习者脑部发现，其大脑结构十分清晰。正念还会影响与老化有关的细胞活动过程，有证据显示，正念训练可能会"减慢、延迟衰老或使与年龄有关的大脑退化发生逆转"，长期的正念练习者表现出较少的神经组织退化等与年龄相关的情况。

# 任务三　正念领导力

**任务要求**

请依据正念相关科学研究结论，谈谈正念领导力。

 **必备知识**

## 一、正念领导力的兴起

西方领导力理论与东方禅修思想结合促进了正念领导力的诞生。正念领导力不同于传统领导力，传统领导力强调的是领导者的行为，而正念领导力更多关注领导者的内心，聚焦于领导者的思维模式及其对自身和他人的影响。

正念使人专注于当下的状态，感知自己和周围的人，以及在面对紧张环境时感知自己反应的敏感度，即"你持有某种想法或情绪"与"你意识到自己持有某种想法或情绪"在感知自己的敏感度方面存在差异。比如，"你对别人有成见"与"你意识到自己对别人有成见"，在感知自己的敏感度上不一样；再比如，"你抑郁"与"你意识到自己抑郁"，在感知自己的敏感度上也不一样。梅纳德·布鲁斯曼（Maynard Brusman）研究了正念、冥想与领导力发展的关系，他明确指出，缺乏自我认知是领导者领导力发展的重要障碍，而正念冥想可有效改善这种状况。所以，正念是发展领导力的有效手段。

## 二、正念领导力的科学研究

### 1. 正念领导力的定义

正念与领导力相结合，形成了正念领导力的概念。本书结合以往的相关研究，尝试将正念领导力定义为：领导者通过自我正念管理和训练，加强自身注意力调控和自我感知，从而能够对当前环境进行集中和敏锐地感知，对问题进行综合考量和判断，并能对下属产生一定的正面而积极的影响。

### 2. 正念训练给领导者带来的影响

在过去的约 10 年时间里，人力资源相关研究证实了具有正念的领导者对员工表现、工作满意度以及员工态度和行为的正向影响。现有研究表明，大脑灰质体自动保存了个体可以记忆的情绪、事项，而正念训练可以增加灰质体的密度，这可以让情绪调节、记忆和学习等大脑功能有所增强。正念训练还作用于大脑其他可以影响行为的功能来激发人的正念状态，因此，正念训练可以促进神经机制的改变，萌发正念意识状态或加深原来的正念。而这些因为正念训练而导致的神经系统的改变，可以进一步影响领导行为，提高自我领导能力。以 13 名领导者为样本的研究发现，通过为期 10 周的工作场所正念训练，领导者的自我领导能力有三方面变化。一是领导者能够保持注意力专注于当下，调控注意力进行正念任务管理，合理应对工作生活中的干扰因素。二是领导者能够察觉到自己的局限性，并进行自我关怀，当感觉自己状态不佳时，就会选择休息，推迟工作任务，而不是强迫自己干无效活。三是领导者能够自我反省，自觉从下属那里得到反馈，帮助反思自己的态度和行为对下属造成的影响，更少表露带有主观判断的意见，尽量以不加评判的方式处理事件。因此，正念能通过改变神经反应机制而改变领导者原来的态度和行为方式。

### 3. 正念领导者与外部环境

虽然正念领导者能够改进自身的想法和行为，但也有可能因为个人缺乏认知而忽视外部环境的影响，从而导致处理问题的方式僵化，因此，正念领导者需要结合所处环境进行意义建构。这是一个解释的过程，是结合环境来建构组织事件，思考事件该如何处理。具有正念的领导者如果能够在复杂的信息中感知当前的环境并与之建立联系，就能更准确地建构意义，提高对环境的掌控能力，并有效地推进实际问题的解决。具有正念的领导者在进行意义建构时，对自己所处的内外环境会有敏锐的察觉；会不断修正对事件的看法，不会主观地、机械地进行判断；更倾向于多角度思考和权衡问题，拟定几种解决方案；既可以排除干扰，在海量信息中自动关注当下，也可以综合所有可能获得的信息，做出符合实际的决策。

### 4. 正念领导者对下属的影响

在影响下属的过程中，领导者进行意义建构是很重要的一环。从人力资源角度来看，意义建构包括领导者管理员工心理认知的两个环节：一是领导者通过传递意义对下属进行意义塑造；二是下属通过环境信息和领导者给予的认识完成自身的意义建构，从而实现团队成员认知和行为方式的统一。领导者在员工感知到给出的意义后，再结合自己的内在认知完成个体的意义建构，从而改变之前的态度和行为，最终完成正念型领导者的转变。具体而言，一是领导者能做到关注当下，将漫游的注意力集中起来，并结合之前取得的相关经验对当下形成应对反应，下属感知到后也开始学习模仿，保持对当下的关注，调控好自身注意力，避免分散思绪。二是领导者敏锐地察觉内外环境，自觉加深对下属的了解，那么下属在进行意义建构之后也会更多地观察周围环境，并留心他人的动态。三是领导者持续修正对问题的认识，对事件的"好"或"坏"不会轻易给出主观判断，下属认识到后，也会慎言慎行。四是领导者能够从多方面审视问题，全面认识和掌控任务，做好选择和舍弃，下属了解认识后，也会自觉增强全局观念，自觉地对任务进行取舍。

西方学者开发了三维领导者正念沟通量表，将领导者正念沟通划分为三层：一是谈话中注意当下并敏锐感知环境；二是谈话中对尚不清楚的情况都表现出接纳、不评判的态度；三是交谈中冷静不冲动且不被情绪裹挟。显而易见，第一层对应"敏察"；第二层对应"慎思"；第三层对应"慎行"。

### 拓展阅读 6-1

#### 成功、失败皆由自己定之

"子曰：'譬如为山，未成一篑，止，吾止也。譬如平地，虽覆一篑，进，吾往也。'"

道德的修养，就是征服自己。上面孔子的话，说的就是这个道理。他说譬如我们去挑泥土来堆成一座山，要挑一百担泥土的，已经挑了九十九担，最后"未成一篑"，少了一畚箕泥土。停止了，因此便不能登峰造极到顶点。是谁使你停止的？一件事没有成功，我们往往归咎于客观的环境、社会的因素，但是孔子认为那是不可能的，"吾止也"，还是因为自己心理的疲劳与退缩，不是客观因素所致。

他又说，譬如填平一块土地，倒一畚泥土上去，就看到更高一点，这个进步，也不是客观因素造成的，而是自己的成功。这里他所强调的，是一切的作为，其成功或失败，都在于一个人自己，不要归因于外在因素。外在因素有影响，也是自己本身的关系。

## 拓展阅读 6-2

### 难得糊涂

宁武子是春秋时代卫国很有名的大夫，姓宁，名俞，武是他的谥号。经历卫国两代的变动，由卫文公到卫成公，两朝代完全不同，宁武子却安然地做卫国的两朝元老。"邦有道则知"，这个邦就是指古时国家，国家政治上了正轨，他的智慧、能力、才华都发挥出来，了不起！可是后来到了卫成公的时候，政治、社会，一切都非常混乱，情况险恶，他还在朝，可是他却表现得愚蠢鲁钝，好像非常无知。

但从历史上看他并不笨，在无形之中，局外人看不见的情形下，他在努力挽救当时的政权、社会。表面上好像他碌碌无能，没有什么表现，可是他为国家、社会真的做了事。

所以孔子给他下了一个断语："其知可及也，其愚不可及也。"他说宁武子那种聪明才智的表现，有的人还可做得到，但处于乱世那种愚笨的表演，就难以学到了。

人们到了社会历史动荡的时候，尤其是古代帝王政权变乱时，在前一个君王手上充分表现了政治才能的人，本来是很容易遭忌的。这是千古以来不变的定例。何以如此？有点莫名其妙的，也许是人类心理的通病，能干的人总有人妒忌。为什么妒忌？只能说是人类天生的劣根性，我们必须以学问、道德来抵御它。所以学问之道，就是要了解自己的心理，把这些罪恶的心理消磨了、转化了，那才是真正的"仁道"之"仁"。所以孔子说到宁武子，当初他的才能表现得那么高，应该遭人家的妒忌；但是到了变乱的时候，他表现得碌碌无能，没人打击他，也没有人仇恨他，这一点修养与性格是别人做不到的。

人在得意时，很容易显露锋芒，"其知可及也"，这点大家还可以做得到。但是朴实无华、老实平淡、笨拙无能的表现，"其愚不可及也"，这就很难做到了。

这里我们就想到清朝名士郑板桥，说过几句很了不起的话："聪明难，糊涂亦难，由聪明而转入糊涂更难。放一着，退一步，当下心安，非图后来福报也。"

绝顶聪明的人，不是故意装糊涂，而是把自己的锋芒收敛起来，而转进糊涂，这就更难了。下一句话说待人接物，遇事退一步，把利益权位都让给人家，心里很舒服，并不希望人家事后报答，只要当时心里舒服就好。这也是孔子说宁武子的"其知可及也，其愚不可及也"的另一引申。

# 项目七

# 运用权力与影响力

**领导力开发** ——培养你的领导潜能

 背景介绍

　　权力是指所有能够影响他人的能力。担任领导职务的人，基于其自身职务掌握大量资源，因而具有很高的支配力，可以通过增减奖金等办法行使奖惩的权力，让下属遵从自己的意志。但实际上，一个人能影响别人并不一定意味着这个人职位很高、职权很大，也有可能是他具有独特的人格魅力，或者是他在理论技术等方面颇有建树，十分权威，因此，周围的人都愿意听从他的意见。

　　职权包括与特定职务相关的权力、特权、义务和职责。领导职权通常包括进行一定组织决策的权力，领导者有权做出与其直接职权相匹配的决定或要求，并且目标群体需要服从其决定或要求，这样的权力更多的是与某个组织、某个社会团体中的职务和某个人所处的特定地位有关。权力部分源于组织职位，部分源于领导者特质以及领导者与目标群体的交往。职位权力是与特定职位相关的权力，而人格魅力与职位无关，可称之为个人权力。职位权力包括合法权力（legitimate power）、奖赏权力（reward power）、强制权力（coercive power）、信息权力（information power）和生态权力（ecological power）。个人权力则包括参照权力（referent power）和专家权力（expertise power）。

　　领导者通过运用掌握的权力与他人交流以取得最大的影响力，这是实现有效领导十分重要的一环。学习完本项目后，读者将了解权力和影响力的概念、权力的种类和来源、权力运行的路径和方式等。本部分内容着重指出了沟通与情商的重要性及其发挥作用的过程，并介绍了一些影响他人的方法与技巧，从而帮助读者深入了解有关权力、沟通与影响力的知识，并有效提升影响力。

　　一个领导者具有良好的领导才能，通常是指该领导者可以带领一群人一起朝着共同的目标努力。影响是一个很宽泛的概念，组织中的领导者需要影响的不仅仅是下属，还有上级等其他领导者。领导者要最大程度地影响下属，很重要的一条就是与下属进行高效沟通。在互动的过程中，领导者要运用自己的权力、展现自己的魅力，根据不同情况、针对不同类型的下属，采取不同的策略进行影响。领导就是一个影响的过程。

　　要想成为优秀的领导者，必须掌握影响他人的具体策略。领导者自身具有魅力，才能影响更多的人。领导者能够通过权力和策略影响别人，也能够运用激励和教练技术来影响别人以达到最终目的。影响力和权力关系密切，权力可以创造影响力，影响力也可以反过来对权力产生推动作用。在本书中，我们

## 项目七 运用权力与影响力

用以下方法区分权力和影响力：影响力（influence）是指在一个特定的方向上影响他人行为的能力，而权力（power）是指能够影响他人的潜力和能力。

### 知识目标

1. 理解权力和影响力的含义；
2. 认识权力和影响力的模型；
3. 学习影响策略。

### 能力目标

1. 能够依据自身的经验说出权力和影响力的含义；
2. 能够理解权力和影响力的模型；
3. 能够使用影响策略。

# 任务一　运用权力发挥影响力

---
**任务要求**

请依据自身的经验体会，谈谈什么是影响力。

如何与他人沟通才能发挥最大的影响作用？

领导者应该如何使用自己的权力？

---

 必备知识

领导的本质是影响的过程，领导者必须学会做一个有影响力的人。影响下属的过程主要有三个阶段：工具性服从（instrumental compliance）、内化（internalization）和个人认同（personal identification）。工具性服从就是领导者实施奖励或惩罚以达到影响下属的目的；内化是让下属不仅表面上顺从，而且在其内心深处也认同，觉得自己自愿这样做；个人认同比内化影响更强烈，被内化的人能认识到领导者的主张或行为是正确的，而个人认同则是下属积极主动地与领导者保持一致，不折不扣地按照领导者的要求去做。

## 一、权力的使用要点

行使合法权力时要先明确礼貌地提出要求并解释原因，同时不要超出自己的职权范围，如有需要，应通过适当的渠道核实是否有此职权。同时，通过书面命令或口头传达追踪服从情况，如有下属拒绝或推脱，应坚持要求服从，这是很有必要的。

行使奖赏权力和强制权力应注意：提供有吸引力的奖励，如升职加薪或者表彰表扬；提供奖励要公平且合乎道德，不要承诺能力之外的奖励；简单明了地说明奖励标准；不要以偏概全，得出片面结论；需要事先口头和书面警告再实施惩罚，要始终保持冷静，避免表现出敌意或个人感受，向下属提出期待改善的建议，并寻求具体的一致行动方案。

获得和保持参照权力的方法：表示接受和积极的关注，采取支持的和有益的行动，真诚对待他人，在适当的时候为他人辩护和提供支持，主动提供帮助，勇于自我牺牲，遵守诺言，等等。

使用专家权力的方法：解释一项要求或提案的原因及其重要性；提出证据证明这一提案将会成功；不要做匆忙、粗心或不一致的陈述；不要夸大或误传信息；认真倾听他人的考虑和建议；在遇到危机时自信而果断地行动。

## 二、社会交换理论与战略权变理论

社会交换理论（social exchange theory）不仅局限于上、下级之间的交往，实际上，人与人之间交往的过程都存在一个由经济交换（economic exchange）过渡到社会交换（social exchange）的过程。社会交换理论认为，领导者和下属之间相互交往的时间不同，交往的内容不同，领导者和下属之间就会有不同的关系，有的关系可能近一点，有的可能稍微远一点。交换的形式有两种，一种叫作经济交换，另外一种叫作社会交换。经济交换是指领导者与下属之间停留在经济水平上的一种交换。下属的职责是完成自己的工作，只要工作能够很好地完成，领导者就会给他相应的工资和奖励，这种交换是停留在经济合同的水平上。所谓社会交换，是指领导者与下属之间的相互关系已经超越了经济水平，领导者与下属之间交换的是相互的信任、相互的忠诚和相互的责任感。这意味着与领导者进行社会交换的下属往往会受到领导者更多的影响。也就是说，领导者在这些人的心目中更具有影响力。这样的领导者也会在团体或组织中更有权力。反之，如果一个领导者不能在广泛的范围内得到下属的信任，甚至下属会对他产生敌意，这样的领导者就会逐渐失去影响力。

战略权变理论是从一个组织整体的结构和战略发展来看哪些人更有权力，哪些人相对没有权力。比如，一个企业在初创的阶段，能把产品卖出去、及时收回成本对企业的生存发展意义重大，因此销售就起到非常重要的作用。从事销售的人相对地就比生产、研发等其他部门的人员有更多的权力，他们在企业中会产生更大的影响。当企业发展到研发成为最重要工作的阶段时，从事研发的人在企业中所具有的影响力也就越来越大了。

## 三、沟通的基本内涵

沟通的基本内涵：首先，沟通是一个由两个或两个以上的人共同完成的集体活动；其次，沟通是一个包括发送信息及接收反馈的完整过程；再次，沟通是一种信息的分享活动，"发""收"双方在传递、反馈等一系列环节中获得信息和情感的交流；最后，沟通不是单向的信息传递，而是双向的信息互动和情感交流。

沟通是循环往复的动态过程。人际沟通以信息发出者发出信息为开始，但并不以信息接收者接受信息为结束，信息接收者通过反馈维持沟通的循环。在整个沟通过程中，沟通双方均为主体。一般沟通状态下，主客体关系总是处在动态变化中，沟通双方都对沟通的有效完成起着重要作用。

## 四、影响力和情商

情商是相对于智商而言的，它反映的是一个人把握和控制自己的情绪，摩和驾驭他人的情绪，以及承受外界压力、不断激励自己和把握自己心理平衡的能力。正如智商是用来反映一个人传统意义上智力水平的高低一样，情商是用来衡量一个人情感智力水平高低的。

情商在本质上是感性与理性协调联结的结果。现代神经生理学的研究成果表明，人类情感活动尽管有其非常自主的神经生理机制，但它又与主管理性活动的大脑皮质有着非常密切的联系。情感一方面具有很强的独立活动能力，可以影响、冲击甚至阻碍理性，但在许多情况下，又可以接受理性的控制和调节。

影响力跟人的情商有很大联系。情商由五个维度组成,第一是"认识自身情绪"的能力,即知道自己的喜怒哀乐或知道自己的情绪波动;第二是"妥善管理情绪"的能力,指个体能够非常好地控制自己,不轻易愤怒或不得意忘形;第三是"自我激励"的能力,有这种能力的人通常自我效能感高或自我激励能力强,自己不断激励自己能够做好一件事情,或能够把一件工作出色地完成;第四是"认识他人情绪"的能力,即了解人际交往时他人有怎样的情绪发展;第五是"管理人际关系"的能力,指一个人能够与他人进行良好的沟通,做到左右逢源,游刃有余。

# 任务二　有效运用影响策略

**任务要求**

思考影响他人的策略，并分析和对比这些策略的有效性。

练习影响策略，反馈并讨论：①你在什么情况下尝试了影响策略？②被影响者是如何反应的？③你的影响策略产生了什么积极或消极的结果？

 **必备知识**

### 一、符合道德要求的、诚实的影响策略

借助机智和善意等策略，领导者能够让别人按照其要求工作以实现有价值的目标。

1. 以身作则，即领导者成为一个积极的榜样。最理想的方法是成为一个"按照我所说的来做"的领导者，即领导者是一个言行一致的人，其行动和语言相互确认和支持，彼此印证。

2. 理性劝说是影响他人的重要策略。它包含使用富有逻辑性的论证以及事实证据来说服他人，这些中肯的提议或要求是切实可行的，经过努力能够实现。在认真调查、胸有成竹的基础上进行理性劝说是一种有效的策略。这对于聪明和理性的人来讲是最有效的。

3. 明确告知的含义是影响源（即领导者，下同）向被影响者解释实施请

求或提议将使被影响者获得的好处，如升职。一个非常有效的影响他人的方法是告诉此人，如果他重视你的要求，他将获得什么。

4. 发出个人请求。一种形式是影响源请求被影响者出于友谊来落实某个请求或建议；另一种形式的个人请求是不说明需要帮忙的具体内容，而是先询问对方是否愿意帮忙。

5. 在某个重要的领域成为专家。这也被看作是理性劝说的一部分。在相关领域掌握专业知识并不断深化这些专业知识的领导者能够影响他人帮助自己完成工作。

6. 如果某人帮你实现了工作目标，你再回报帮助这个人是另一种影响策略。通过互利互惠，你和对方达成协议。这种交换通常可以理解为在未来对滴水之恩涌泉相报。

7. 领导者要具有激励他人的能力，因此向他人提出鼓舞人心的要求是一个重要的影响策略。领导者需要说明这项工作对整个组织或外部环境的意义。

8. 做出决定之前征求他人的意见是一种领导风格，也是一种影响策略。这样，被影响者会更愿意接受影响源的请求，因为被影响者参与了决策制定的过程。要使被影响者和影响源想法一致，征询建议是最有效的影响策略。

9. 结盟是指不同的团体共同作战以壮大力量。结盟是一种有效的影响策略，"团结就是力量"。越多的人站到你这边，影响的效果越好。有时靠自己的单边行动影响其他人或其他团队的作用微乎其微。因此，领导者往往需要和别人结成同盟，增强影响力。认识许多手握重权的人非常有利于促成一个联盟。如果想要完成某件事情，你需要得到其他被影响者的认同。

10. 成为团队的一员，通过强烈的团队精神影响别人是完成任务的一项重要策略。在工作高峰期，领导者要投入其中，成为团队不可分割的一员。

11. 实践型领导者直接参与公司运营的过程。这样的领导者具有专业特长，以任务为导向，以身作则，率先垂范。通过直接参与团队合作活动，领导者影响下属以使下属与自己保持共同的追求，进而共同遵守标准的程序和流程。

## 二、中性的影响策略

### 1. 逢迎示好

如果逢迎是为了实现正当目的，那它就是一种积极的影响策略。然而，如果你并不喜欢别人却想通过逢迎让这个人喜欢你，那逢迎就是一种圆滑的影响策略。

逢迎通常是面对上级的，下级试图通过逢迎让上级喜欢自己。逢迎有时也会面对下级，即领导者试图用此策略让下级喜欢他们。上级对下级比较典型的示好技巧有午餐邀请、赞美、分配下级感兴趣的工作、满足下级的爱好等。厌恶逢迎的领导者在一些特定目的下也会赞同这种影响方式。

### 2. 开玩笑

开玩笑不但能够传递信息，同时还能降低听者对说话者感到生气的风险。但开玩笑也可能被看作不诚实或过于圆滑，因为批评者减弱了批评的冲击力。

### 3. 借助上级的力量

在借助上级的力量这种方式中，领导者借助组织中职位更高的人更大的正式权力来影响团队成员。一些领导者和研究者将寻求上级的帮助当作道德的和合乎伦理标准的，然而经常这样做具有很大的风险。过多地借助上级的力量会使领导者在团队成员和上级眼中的权威下降，从而降低其领导效能。

### 4. 与对立方合作

这是一个潜在的有效影响策略，也是解决冲突的方法，可以将竞争对手变成你团队的一部分，比如分给他们一些股权。

## 三、不诚实、不符合道德要求的影响策略

### 1. 玩弄权谋的马基雅维利主义

在职场，无情地操纵他人的人被称作马基雅维利主义者（玩弄权谋）。他们总是发起让别人工作的行动，然后控制与其之间的互动。马基雅维利主义者会使用欺骗、吓唬等操纵员工的手段。

### 2. 温和地操控人员和情境

想要影响他人的某些人也具有操纵性，但远不是彻底的马基雅维利主义者。他们会通过谎言、伪行为来使他人服从自己。一个被广泛使用的操纵方式是追随潮流，即做这件事仅仅是因为其他人也喜欢这样做。

### 3. 过度的压力

优秀的领导者经常会使用激励技术，如奖励或温和的惩罚。然而，当奖励变成了贿赂和遵从，惩罚的威胁变得严重时，被影响者将会面对过度的压力。

### 4. 贬低

另一种微妙的操纵策略是贬低，即通过贬损或侮辱他人来控制其行为。

## 四、影响策略的效能排序

有效的影响策略是能够实现任务承诺，并且被众多评价者认为是最高效的领导者所使用的影响策略。研究结果显示，最有效的策略是理性劝说、提出鼓舞人心并富有情感的要求和征询建议。相反，最无效的影响策略是过度的压力、结盟和合法的请求（诉诸合法权力）。逢迎示好和互利互惠在影响团队成员和同事方面具有一定的效果，但同样的策略并不适用于影响上级。相关解释是：非强制性影响策略与威胁、操控型的强制性影响策略相比，更能为被影响者的态度转变提供一个理性的、合乎道德的基础性解释，能更有效地赢得被影响者的认同和服从。

但是以上结论并不意味着使用有效的影响策略总会得到被影响者的任务承诺。某个特定影响策略的结果同时被其他因素左右，比如，被影响者的动机和组织文化的影响。同样，如果没有根据情境恰当运用或者运用技巧不当，任何策略都有可能遭到被影响者的抵抗。有效运用影响策略需要灵活机敏、老到的手段以及深刻的洞见。

在不信任对方时，人们会采用强力的影响策略，不管是领导者还是下属都是如此。这里所说的强力影响策略包括诉诸更高的权力、构建联盟和制裁。

下属与领导者关系的质量也会对影响策略的效能产生影响。当团队成员感到他们与领导者之间的关系很糟糕时，领导者使用提出鼓舞人心并富有情感的要求和互利互惠的影响策略会导致成员之间更少的互相帮助行为。然而，领导者使用征询建议的影响策略则能促进成员之间互相帮助的行为。当团队成员认为他们和领导者的关系良好时，领导者的互利互惠策略能促进团队成员之间的互相帮助行为。

一般情况下，首先要从最积极或者最温和的策略开始。如果没有实现目标，再进阶到更强硬的策略。使用策略的先后顺序还应考虑成本和风险的因素。一个明智的方法是从低成本、低风险的策略开始。如果结果对领导者来说非常重要，他可以进阶到成本和风险更高的影响策略。另外，还需要将影响方向（上行方向、下行方向等）作为权变因素加以考虑。领导者的组织权力越大，他运用影响策略的顾忌就越小；拥有的权力越大，他运用强力影响策略导致的消极后果就会越小。

## 五、中国组织中的影响技巧

### 1. 以身作则

一个简单而有效的影响别人的方法是以身作则。你可以通过以身作则来领导或影响他人，以达到你的目的。领导者可以通过以身作则来传播企业文化。作为领导者，你可以通过你自身的行动来传播价值观和传达各种期望。对于那些显示忠诚、做出自我牺牲以及承担额外工作的行为特别要以身作则。

### 2. 理性说服

通过理性说服影响别人的方法仍不失为一种重要的策略。理性说服涉及使用符合逻辑的观点和事实证据来使另一个人相信一条建议或要求是可行的，并且可以达到目的。总的来说，要使理性说服变成一种有效的策略需要自信以及细致的研究。对明智和理性的人来说，它可能是最为有效的策略。

### 3. 相互帮助

假如一个人将帮助你完成一项工作，那么你主动提出帮助是另一种常用的施加影响的策略。通过交换，你与对方达成协议。这种交换常常被视为愿意在日后进行回报，回报可包括分享利益等。

### 4. 形成一个可以仰仗的人际网络

人际网络的形成对把握职业生涯（包括成为一位具有影响力的领导者）来说是很重要的策略。建立人际网络以及在需要时寻求支持的能力有助于一个领导者对他人施加影响。比如，一家银行的分行经理在需要拓展业务时要利用人际网络，除了他的上级外，还包括他的主要客户，因为客户对他的正面评价能使他的上级更容易接受他的提议。

### 5. 形成联盟

有时通过单独行动来影响某个人或团体是有一定难度的。这时你就有必要与别人组成联盟以产生更大的力量。作为一种施加影响的策略，形成联盟是行之有效的，因为就如一句老话所说：人多力量大。如同其他施加影响的策略一样，结成联盟的一个主要因素是个人魅力。假如你能用你的个人魅力和领袖气质影响他人，他们就有可能加入你的联盟。

# 任务三　权力和影响力的模型

### 任务要求

谈谈你对权力和影响力模型的认识。

总结领导者影响的群体具有哪些特征。

 **必备知识**

## 一、权力和影响力模型

权力和影响力模型如图 7-1 所示。

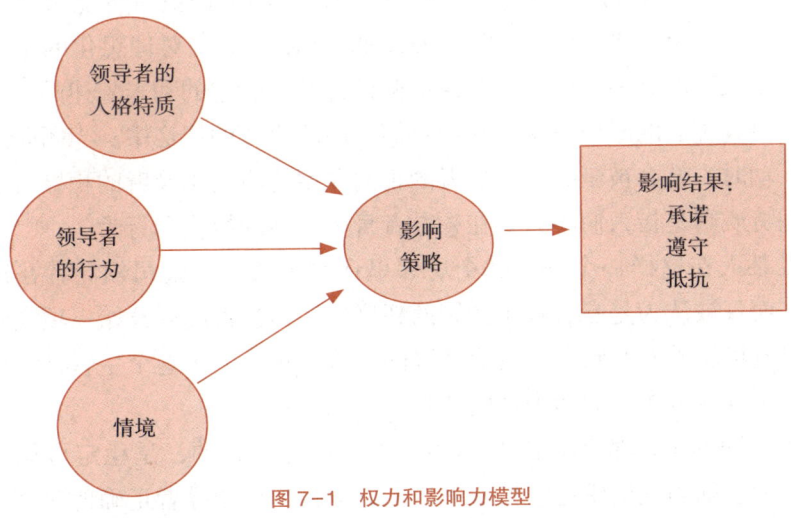

图 7-1　权力和影响力模型

影响策略可能会造成三种结果：承诺、遵守和抵抗。承诺（commitment）是影响策略最成功的结果：所影响的对象有热情并全身心投入地实施领导者的要求。承诺对于复杂、困难的项目尤为重要，因为这要求员工有足够的专注度且愿意付出努力。遵守（compliance）意味着影响策略的尝试只是部分获得成功：所影响的对象对接受实施这一请求是缺乏兴趣的（而不是很兴奋的），并且只付出适当的努力。这种影响策略的结果改变了人的行为但并没有改变他的态度。抵抗（resistance）则是影响策略失败导致的结果：所影响的对象反对实施领导者的要求或者采用其他方式不落实要求。抵抗包括为未完成工作找借口、拖延或彻底拒绝执行任务等。

领导者的人格特质会对影响策略的结果产生影响。有魅力的领导者往往是外向、温和的，他们比内向、冷酷的领导者更易实施影响策略。

领导者的行为也会以多种方式对影响策略的结果产生影响，尤其是在影响策略是实际的行动时。以身作则、一贯表现良好的领导者更能领导好团队成员，因为这些领导者就是很好的榜样。

情境在一定程度上决定了哪种影响策略是有效的。比如，在高科技公司中，鼓舞人心的要求和情感上的表达并不如理性劝说有效，也不如成为该方面的专家有效，因为高科技工作者更容易被事实感染，而不是情感。

## 二、隐含的领导力理论

如果某个领导者符合人们对领导者的期待，则人们更有可能被该领导者影响。隐含的领导力理论（implicit leadership theory）是对理想化的组织领导者应有的个人特质和能力的假设。这些假设包括已陈述的和未陈述的，基于社会化和领导者过去的经历设定。它们存储在团队成员的记忆中，当团队成员和领导者互动时，就会被激活。领导者的正向原型特质指领导者的积极特质，而负向原型特质则是指人们不希望在领导者身上见到的特质和行为。

假设某人在这样一个家庭和街坊邻里环境中长大：公司领导者在这里受到尊敬，而且被认为是专心致志和智商超群的。当此人随后开始一项全职工作时，他更有可能被专心致志和智商超群的主管影响。因为这个主管符合他已有的对于一个领导者应该如何表现的认知。

对于不同的下属群体，隐含的领导力理论是一致的，是稳定可靠、以领导者特质为基础的理论模型。另一项研究显示，如果领导者正确地迎合了下属关于他的特质假设，那么该领导者和团队成员的交换关系会更加积极和谐；同样，团队成员也更容易受到该领导者的影响。

**拓展阅读 7-1**

### 善于用人

一个领导者，对他的下属一定要了解，每人有长处也有短处。

若以哲学观点来说，某人的短处正是他的长处，而长处也就是他的短处，一个领导者一定要懂得这一点。

形形色色的人各有不同，领导者要做到对于各种人都能包涵，都能领导，这是很重要的。

中国讲领导学，真正的领导者便是善于用人，而不一定自己懂得多。如汉高祖，他的长处就是能够坦率承认自己什么都不懂。最怕的是认为自己什么都懂，这是最严重的错误。作为一个领导者，最聪明的办法是自己即使懂了，宁可说不懂。

诸葛亮料事如神，但他为了"集思广益"，仍然请教别人。以能问于不能，这是最聪明的办法。

可是人有一个毛病，懂了以后一定喜欢表现出来。这种态度，做学者可以，真去做事，就不可以，是大忌讳，至少自己会很辛苦。领导者太能干了，下属就无人才可用。下属有才干也发挥不出来，因为领导者对下属骂了两次笨，第三次下属有了更好的想法也不敢再说出来，都唯唯诺诺，领导者自己就辛苦了。这还算好，最讨厌的是"不知而作"，自己不知道，又硬充内行，那就更严重，千万不可犯这个错误。

不但如此，孔子还告诉我们："多闻，择其善者而从之。"这个"闻"字，包括了多读书、多听、多问。所谓学问，一边学要一边问，多请教人家，听人家的意见。听来的不一定对，还要有所选择，对好的见解就要采纳。仅听还不够，要加上经验，所以要多见，还要亲眼看见。

读历史的人，如果没有经过相当事实的体验，读再多历史也无用。譬如说，讲如何做领导者的理论很容易，但一定要在一个单位，哪怕小单位做过当权领导者，才能体会到理论的真谛。所以要多见，多亲自经历体会，而且还要用心记下来，"前事不忘，后事之师"，这样才有用。

这两句话合起来："多闻，择其善者而从之，多见而识之，知之次也。"这是做学问的第二等人才。第一等就是天才，反应灵敏，如历史上很有名的故事，张良为什么帮助刘邦？他最初自己要出来反抗秦始皇，行刺不成，最后遇到刘邦。有人问张良，为什么愿意帮助刘邦？张良说："我所有的意见，别人都不懂，只有刘邦懂，所以我愿意帮助他。"

刘邦也的确有领导的天才，像韩信有一次不出兵，派一个人来见刘邦，要求封韩信为假王——三齐王。刘邦一听气了，桌子一拍，正要大骂。张良、陈平在桌子下踢了他一脚。刘邦本已骂出口了，可是他被轻轻一踢，立即改口风："要封就封真王，还封什么假王！"于是韩信被封为齐王。

从这件事看，张良不用说话，轻轻踢刘邦一脚他就懂了。历史上这类事多得很，有些人的确是聪明。所以孔子说第一等人是天才，既然不是天才，就要学问来弥补。

自己不是天才，又不肯求学问，就是"不知而作"，那就完了。不是天才，学问怎么来呢？多听人家的，多看、多经历、多跟人家学，这就是"知之次也"。

## 拓展阅读 7-2

### 因赏以偿恩，因罚以作威

"臣有因赏以偿恩，因罚以作威，可不虑之以奸乎？"

有些专权的人，他对下属有赏赐，但并不是公正地赏，而是自己与受赏的人有关系，故意卖恩情给他。譬如有考核权的单位小主管，对于自己喜欢的人就多给他分数，对于自己讨厌的人，尽管他有本事、有功绩，还是设法扣他的分数。

"因罚以作威"，以示权威。赏罚基于私心，这一类人就是奸佞之人。

# REFERENCE 参考文献

［1］南怀瑾.南怀瑾讲述领导的艺术［M］.苏州：古吴轩出版社，2008.

［2］南怀瑾.论语别裁［M］.北京：东方出版社，2014.

［3］圣吉，等.第五项修炼：终身学习者［M］.张成林，译.2版.北京：中信出版社，2018.

［4］张静.正念与领导力：基于交互的视角［M］.北京：经济管理出版社，2019.

［5］李龙.正念对管理者自我领导力的影响研究［D］.上海：华东理工大学，2016.

［6］陈亮，李晓蓓.正念领导力：从优秀到卓越［J］.清华管理评论，2017（04）：80-87.

［7］王玉.情感智能与领导力［M］.北京：台海出版社，2018.

［8］脱不花.沟通的方法［M］.北京：新星出版社，2021.

［9］佘玮琦.世界500强员工提升领导力的50个游戏［M］.北京：中国青年出版社，2010.

［10］王辉.组织中的领导行为［M］.北京：北京大学出版社，2008.

［11］戈尔曼 D.高情商领导力［M］.陈佳伶，译.长沙：湖南文艺出版社，2018.

［12］斯坦 S J.高情商领导者［M］.李仁根，译.北京：电子工业出版社，2019.

［13］杜布林 A J.领导力［M］.冯云霞，范锐，译.7版.北京：中国人民大学出版社，2017.